"问道·强国之路"丛书　主编　董振华

易振国——主编
刘韬——副主编

建设交通强国

中国青年出版社

"问道·强国之路"丛书

出版说明

  为中国人民谋幸福、为中华民族谋复兴，是中国共产党的初心使命。

  中国共产党登上历史舞台之时，面对着国家蒙辱、人民蒙难、文明蒙尘的历史困局，面临着争取民族独立、人民解放和实现国家富强、人民富裕的历史任务。

  "蒙辱""蒙难""蒙尘"，根源在于近代中国与工业文明和西方列强相比，落伍、落后、孱弱了，处处陷入被动挨打。

  跳出历史困局，最宏伟的目标、最彻底的办法，就是要找到正确道路，实现现代化，让国家繁荣富强起来、民族振兴强大起来、人民富裕强健起来。

  "强起来"，是中国共产党初心使命的根本指向，是近代以来全体中华儿女内心深处最强烈的渴望、最光辉的梦想。

从1921年红船扬帆启航，经过新民主主义革命、社会主义革命和社会主义建设、改革开放和社会主义现代化建设、中国特色社会主义新时代的百年远征，中国共产党持续推进马克思主义基本原理同中国具体实际相结合、同中华优秀传统文化相结合，在马克思主义中国化理论成果指引下，带领全国各族人民走出了一条救国、建国、富国、强国的正确道路，推动中华民族迎来了从站起来、富起来到强起来的伟大飞跃。

一百年来，从推翻"三座大山"、为开展国家现代化建设创造根本社会条件，在革命时期就提出新民主主义工业化思想，到轰轰烈烈的社会主义工业化实践、"四个现代化"宏伟目标，"三步走"战略构想，"两个一百年"奋斗目标，中国共产党人对建设社会主义现代化强国的孜孜追求一刻也没有停歇。

新思想领航新征程，新时代铸就新伟业。

党的十八大以来，中国特色社会主义进入新时代，全面"强起来"的时代呼唤愈加热切。习近平新时代中国特色社会主义思想立足实现中华民族伟大复兴战略全局和世界百年未有之大变局，深刻回答了新时代建设什么样的社会主义现代化强国、怎样建设社会主义现代化强国等重大时代课题，擘画了建设社会主义现代化强国的宏伟蓝图和光明前景。

从党的十九大报告到党的十九届五中全会通过的《中共中央关于制定国民经济和社会发展第十四个五年规划和二〇三五年远景目标的建议》、党的十九届六中全会通过的《中共中央关于党的百年奋斗重大成就和历史经验的决议》，建设社会主义现代化强国的号角日益嘹亮、目标日益清晰、举措日益坚实。在以习近平同志为核心的党中央的宏伟擘画中，"人才强国"、"制造强国"、"科技强国"、"质量强国"、"航天强国"、"网络强国"、"交通强国"、"海洋强国"、"贸易强国"、"文化强国"、"体育强国"、"教育强国",以及"平安中国"、"美丽中国"、"数字中国"、"法治中国"、"健康中国"等,一个个强国目标接踵而至,一个个美好愿景深入人心,一个个扎实部署深入推进,推动各个领域的强国建设按下了快进键、迎来了新高潮。

"强起来",已经从历史深处的呼唤,发展成为我们这个时代的最高昂旋律;"强国建设",就是我们这个时代的最突出使命。为回应时代关切,2021年3月,我社发起并组织策划出版大型通俗理论读物——"问道·强国之路"丛书,围绕"强国建设"主题,系统集中进行梳理、诠释、展望,帮助引导大众特别是广大青年学习贯彻习近平新时代中国特色社会主义思想,踊跃投身社会主义现代化强国建设伟大实践,谱写壮美新时代之歌。

"问道·强国之路"丛书共17册,分别围绕党的十九大报告等党的重要文献提到的前述17个强国目标展开。

丛书以习近平新时代中国特色社会主义思想为指导,聚焦新时代建设什么样的社会主义现代化强国、怎样建设社会主义现代化强国,结合各领域实际,总结历史做法,借鉴国际经验,展现伟大成就,描绘光明前景,提出对策建议,具有重要的理论价值、宣传价值、出版价值和实践参考价值。

丛书突出通俗理论读物定位,注重政治性、理论性、宣传性、专业性、通俗性的统一。

丛书由中央党校哲学教研部副主任董振华教授担任主编,红旗文稿杂志社社长顾保国担任总审稿。各分册编写团队阵容权威齐整、组织有力，既有来自高校、研究机构的权威专家学者，也有来自部委相关部门的政策制定者、推动者和一线研究团队；既有建树卓著的资深理论工作者，也有实力雄厚的中青年专家。他们以高度的责任、热情和专业水准，不辞辛劳，只争朝夕，潜心创作，反复打磨，奉献出精品力作。

在共青团中央及有关部门的指导和支持下，经过各方一年多的共同努力，丛书于近期出版发行。

在此，向所有对本丛书给予关心、予以指导、参与创作和编辑出版的领导、专家和同志们诚挚致谢！

让我们深入学习贯彻习近平新时代中国特色社会主义思想，牢记初心使命，盯紧强国目标，奋发勇毅前行，以实际行动和优异成绩迎接党的二十大胜利召开！

中国青年出版社
2022年3月

"问道·强国之路"丛书总序：

沿着中国道路，阔步走向社会主义现代化强国

　　实现中华民族伟大复兴，就是中华民族近代以来最伟大的梦想。党的十九大提出到2020年全面建成小康社会，到2035年基本实现社会主义现代化，到本世纪中叶把我国建设成为富强民主文明和谐美丽的社会主义现代化强国。在中国这样一个十几亿人口的农业国家如何实现现代化、建成现代化强国，这是一项人类历史上前所未有的伟大事业，也是世界历史上从来没有遇到过的难题，中国共产党团结带领伟大的中国人民正在谱写着人类历史上的宏伟史诗。习近平总书记在庆祝改革开放40周年大会上指出："建成社会主义现代化强国，实现中华民族伟大复兴，是一场接力跑，我们要一棒接着一棒跑下去，每一代人都要为下一代人跑出一个好成绩。"只有回看走过的路、比较别人的路、远眺前行的路，我们才能够弄清楚我

们为什么要出发、我们在哪里、我们要往哪里去,我们也才不会迷失远航的方向和道路。"他山之石,可以攻玉。"在建设社会主义现代化强国的历史进程中,我们理性分析借鉴世界强国的历史经验教训,清醒认识我们的历史方位和既有条件的利弊,问道强国之路,从而尊道贵德,才能让中华民族伟大复兴的中国道路越走越宽广。

一、历经革命、建设、改革,我们坚持走自己的路,开辟了一条走向伟大复兴的中国道路,吹响了走向社会主义现代化强国的时代号角。

党的十九大报告指出:"改革开放之初,我们党发出了走自己的路、建设中国特色社会主义的伟大号召。从那时以来,我们党团结带领全国各族人民不懈奋斗,推动我国经济实力、科技实力、国防实力、综合国力进入世界前列,推动我国国际地位实现前所未有的提升,党的面貌、国家的面貌、人民的面貌、军队的面貌、中华民族的面貌发生了前所未有的变化,中华民族正以崭新姿态屹立于世界的东方。"中国特色社会主义所取得的辉煌成就,为中华民族伟大复兴奠定了坚实的基础,中国特色社会主义进入了新时代。这意味着中国特色社会主义道路、理论、制度、文化不断发展,拓展了发展中国家走向现代化的途径,给世界上那些既希望加快发展又希望保持自身独立性的国家和民族提供了全新选择,为解决人类问题贡献了中国智慧和中国方案,同时也昭示着中华民族伟大复兴的美好前景。

新中国成立70多年来,我们党领导人民创造了世所罕见的经济快速发展奇迹和社会长期稳定奇迹，以无可辩驳的事实宣示了中国道路具有独特优势，是实现伟大梦想的光明大道。习近平总书记在《关于〈中共中央关于制定国民经济和社会发展第十四个五年规划和二〇三五年远景目标的建议〉的说明》中指出："我国有独特的政治优势、制度优势、发展优势和机遇优势，经济社会发展依然有诸多有利条件，我们完全有信心、有底气、有能力谱写'两大奇迹'新篇章。"但是，中华民族伟大复兴绝不是轻轻松松、敲锣打鼓就能实现的，全党必须准备付出更为艰巨、更为艰苦的努力。

过去成功并不意味着未来一定成功。如果我们不能找到中国道路成功背后的"所以然"，那么，即使我们实践上确实取得了巨大成功，这个成功也可能会是偶然的。怎么保证这个成功是必然的，持续下去走向未来？关键在于能够发现背后的必然性，即找到规律性，也就是在纷繁复杂的现象背后找到中国道路的成功之"道"。只有"问道"，方能"悟道"，而后"明道"，也才能够从心所欲不逾矩而"行道"。只有找到了中国道路和中国方案背后的中国智慧，我们才能够明白哪些是根本的因素必须坚持，哪些是偶然的因素可以变通，这样我们才能够确保中国道路走得更宽更远，取得更大的成就，其他国家和民族的现代化道路才可以从中国道路中获得智慧和启示。唯有如此，中国道路才具有普遍意义和世界意义。

二、世界历史沧桑巨变，照抄照搬资本主义实现强国是没有出路的，我们必须走出中国式现代化道路。

现代化是18世纪以来的世界潮流，体现了社会发展和人类文明的深刻变化。但是，正如马克思早就向我们揭示的，资本主义自我调整和扩张的过程不仅是各种矛盾和困境丛生的过程，也是逐渐丧失其生命力的过程。肇始于西方的、资本主导下的工业化和现代化在创造了丰富的物质财富的同时，也拉大了贫富差距，引发了环境问题，失落了精神家园。而纵观当今世界，资本主义主导的国际政治经济体系弊端丛生，中国之治与西方乱象形成鲜明对比。照抄照搬西方道路，不仅在道义上是和全人类共同价值相悖的，而且在现实上是根本走不通的邪路。

社会主义是作为对资本主义的超越而存在的，其得以成立和得以存在的价值和理由，就是要在解放和发展生产力的基础上，消灭剥削，消除两极分化，最终实现共同富裕。中国共产党领导的社会主义现代化，始终把维护好、发展好人民的根本利益作为一切工作的出发点，让人民共享现代化成果。事实雄辩地证明，社会主义现代化建设不仅造福全体中国人民，而且对促进地区繁荣、增进各国人民福祉将发挥积极的推动作用。历史和实践充分证明，中国特色社会主义不仅引领世界社会主义走出了苏东剧变导致的低谷，而且重塑了社会主义与资本主义的关系，创新和发展了科学社会主义理论，用实践证明了马克思主义并没有过时，依然显示出科学思想的伟力，对世界社会主义发展具有深远历史意义。

从现代化道路的生成规律来看，虽然不同的民族和国家在谋求现代化的进程中存在着共性的一面，但由于各个民族和国家存在着诸多差异，从而在道路选择上也必定存在诸多差异。习近平总书记指出："世界上没有放之四海而皆准的具体发展模式，也没有一成不变的发展道路。历史条件的多样性，决定了各国选择发展道路的多样性。"中国道路的成功向世界表明，人类的现代化道路是多元的而不是一元的，它拓展了人类现代化的道路，极大地激发了广大发展中国家"走自己道路"的信心。

三、中国式现代化遵循发展的规律性，蕴含着发展的实践辩证法，是全面发展的现代化。

中国道路所遵循的发展理念，在总结发展的历史经验、批判吸收传统发展理论的基础上，对"什么是发展"问题进行了本质追问，从真理维度深刻揭示了发展的规律性。发展本质上是指前进的变化，即事物从一种旧质态转变为新质态，从低级到高级、从无序到有序、从简单到复杂的上升运动。在发展理论中，"发展"本质上是指一个国家或地区由相对落后的不发达状态向相对先进的发达状态的过渡和转变，或者由发达状态向更加发达状态的过渡和转变，其内容包括经济、政治、社会、科技、文化、教育以及人自身等多方面的发展，是一个动态的、全面的社会转型和进步过程。发展不是一个简单的增长过程，而是一个在遵循自然规律、经济规律和社会规律基础上，通过结构优化实现的质的飞跃。

发展问题表现形式多种多样，例如人与自然关系的紧张、贫富差距过大、经济社会发展失衡、社会政治动荡等，但就其实质而言都是人类不断增长的需要与现实资源的稀缺性之间的矛盾的外化。我们解决发展问题，不可能通过片面地压抑和控制人类的需要这样的方式来实现，而只能通过不断创造和提供新的资源以满足不断增长的人类需要的路径来实现，这种解决发展问题的根本途径就是创新。改革开放40多年来，我们正是因为遵循经济发展规律，实施创新驱动发展战略，积极转变发展方式、优化经济结构、转换增长动力，积极扩大内需，实施区域协调发展战略，实施乡村振兴战略，坚决打好防范化解重大风险、精准脱贫、污染防治的攻坚战，才不断推动中国经济更高质量、更有效率、更加公平、更可持续地发展。

发展本质上是一个遵循社会规律、不断优化结构、实现协调发展的过程。协调既是发展手段又是发展目标，同时还是评价发展的标准和尺度，是发展两点论和重点论的统一，是发展平衡和不平衡的统一，是发展短板和潜力的统一。坚持协调发展，学会"弹钢琴"，增强发展的整体性、协调性，这是我国经济社会发展必须要遵循的基本原则和基本规律。改革开放40多年来，正是因为我们遵循社会发展规律，推动经济、政治、文化、社会、生态协调发展，促进区域、城乡、各个群体共同进步，才能着力解决人民群众所需所急所盼，让人民共享经济、政治、文化、社会、生态等各方面发展成果，有更多、更直接、更实在的获得感、幸福感、安全感，不断促进人的全面发展、全体人民共同富裕。

人类社会发展活动必须尊重自然、顺应自然、保护自然，遵循自然发展规律，否则就会遭到大自然的报复。生态环境没有替代品，用之不觉，失之难存。环境就是民生，青山就是美丽，蓝天也是幸福，绿水青山就是金山银山；保护环境就是保护生产力，改善环境就是发展生产力。正是遵循自然规律，我们始终坚持保护环境和节约资源，坚持推进生态文明建设，生态文明制度体系加快形成，主体功能区制度逐步健全，节能减排取得重大进展，重大生态保护和修复工程进展顺利，生态环境治理明显加强，积极参与和引导应对气候变化国际合作，中国人民生于斯、长于斯的家园更加美丽宜人。

正是基于对发展规律的遵循，中国人民沿着中国道路不断推动科学发展，创造了辉煌的中国奇迹。正如习近平总书记在庆祝改革开放40周年大会上的讲话中所指出的："40年春风化雨、春华秋实，改革开放极大改变了中国的面貌、中华民族的面貌、中国人民的面貌、中国共产党的面貌。中华民族迎来了从站起来、富起来到强起来的伟大飞跃！中国特色社会主义迎来了从创立、发展到完善的伟大飞跃！中国人民迎来了从温饱不足到小康富裕的伟大飞跃！中华民族正以崭新姿态屹立于世界的东方！"

有人曾经认为，西方文明是世界上最好的文明，西方的现代化道路是唯一可行的发展"范式"，西方的民主制度是唯一科学的政治模式。但是，经济持续快速发展、人民生活水平不断提高、综合国力大幅提升的"中国道路"，充分揭开了这些违背唯物辩证法"独断论"的迷雾。正如习近平总书记在庆祝改革开放40周年大会上的讲话中所指出的："在中国这样一个有着5000多年文明史、13亿多人口的大国推进改革发展，没有可以奉为金科玉律的教科书，也没有可以对中国人民颐指气使的教师爷。鲁迅先生说过：'什么是路？就是从没路的地方践踏出来的，从只有荆棘的地方开辟出来的。'"我们正是因为始终坚持解放思想、实事求是、与时俱进、求真务实，坚持马克思主义指导地位不动摇，坚持科学社会主义基本原则不动摇，勇敢推进理论创新、实践创新、制度创新、文化创新以及各方面创新，才不断赋予中国特色社会主义以鲜明的实践特色、理论特色、民族特色、时代特色，形成了中国特色社会主义道路、理论、制度、文化，以不可辩驳的事实彰显了科学社会主义的鲜活生命力，社会主义的伟大旗帜始终在中国大地上高高飘扬！

四、中国式现代化是根植于中国文化传统的现代化，从根本上反对国强必霸的逻辑，向人类展示了中国智慧的世界历史意义。

《周易》有言："形而上者谓之道，形而下者谓之器。"每一个国家和民族的历史文化传统不同，面临的形势和任务不同，人民的需要和要求不同，他们谋求发展造福人民的具体路径当然可以不同，也必然不同。中国式现代化道路的开辟充分汲取了中国传统文化的智慧，给世界提供了中国气派和中国风格的思维方式，彰显了中国之"道"。

中国传统文化主张求同存异的和谐发展理念，认为万物相辅相成、相生相克、和实生物。《周易》有言："生生之谓易。"正是在阴阳对立和转化的过程中，世界上的万事万物才能够生生不息。《国语·郑语》中史伯说："夫和实生物，同则不继。以他平他谓之和，故能丰长而物归之；若以同裨同，尽乃弃矣。"《黄帝内经素问集注》指出："故发长也，按阴阳之道。孤阳不生，独阴不长。阴中有阳，阳中有阴。"二程（程颢、程颐）认为，对立之间存在着此消彼长的关系，对立双方是相互影响的。"万物莫不有对，一阴一阳，一善一恶，阳长而阴消，善增而恶减。"他们认为"消长相因，天之理也。""理必有对待，生生之本也。"正是在相互对立的两个方面相生相克、此消彼长的交互作用中，万事万物得以生成和毁灭，不断地生长和变化。这些思维理念在中国道路中也得到了充分的体现。中国道路主张合作共赢，共同发展才是真的发展，中国在发展过程中始终坚持互惠互利的原则，欢迎其他国家搭乘中国发展的"便车"。中国道路主张文明交流，一花独放不是春，世界正是因多彩而美丽，中国在国际舞台上坚持文明平等交流互鉴，反对"文明冲突"，提倡和而不同、兼收并蓄的理念，致力于世界不同文明之间的沟通对话。

中国传统文化主张世界大同的和谐理念，主张建设各美其美的和谐世界。为世界谋大同，深深植根于中华民族优秀传统文化之中，凝聚了几千年来中华民族追求大同社会的理想。不同的历史时期，人们都从不同的意义上对大同社会的理想图景进行过描绘。从《礼记》提出"天下为公，选贤与能，讲信修睦。故人不独亲其亲，不独子其子。使老有所终，壮有所用，幼有所长，鳏寡孤独废疾者皆有所养"的社会大同之梦，到陶渊明在《桃花源记》中描述的"黄发垂髫，并怡然自乐"的平静自得的生活场景，再到康有为《大同书》中提出的"大同"理想，以及孙中山发出的"天下为公"的呐喊，一代又一代的中国人，不管社会如何进步，文化如何发展，骨子里永恒不变的就是对大同世界的追求。习近平总书记强调："世界大同，和合共生，这些都是中国几千年文明一直秉持的理念。"这一论述充分体现了中华传统文化中的"天下情怀"。"天下情怀"一方面体现为"以和为贵"，中国自古就崇尚和平、反对战争，主张各国家、各民族和睦共处，在尊重文明多样性的基础上推动文明交流互鉴。另一方面则体现为合作共赢，中国从不主张非此即彼的零和博弈，始终倡导兼容并蓄的理念，我们希望世界各国能够携起手来共同应对全球挑战，希望通过汇聚大家的力量为解决全球性问题作出更多积极的贡献。

中国有世界观，世界也有中国观。一个拥有5000多年璀璨文明的东方古国，沿着社会主义道路一路前行，这注定是改变历史、创造未来的非凡历程。以历史的长时段看，中国的发展是一项属于全人类的进步事业，也终将为更多人所理解与支持。世界好，中国才能好。中国好，世界才更好。中国共产党是为中国人民谋幸福的党，也是为人类进步事业而奋斗的党，我们所做的一切就是为中国人民谋幸福、为中华民族谋复兴、为人类谋和平与发展。中国共产党的初心和使命，不仅是为中国人民谋幸福，为中华民族谋复兴，而且还包含为世界人民谋大同。为世界人民谋大同是为中国人民谋幸福和为中华民族谋复兴的逻辑必然，既体现了中国共产党关注世界发展和人类事业进步的天下情怀，也体现了中国共产党致力于实现"全人类解放"的崇高的共产主义远大理想，以及立志于推动构建"人类命运共同体"的使命担当和博大胸襟。

中华民族拥有在5000多年历史演进中形成的灿烂文明，中国共产党拥有百年奋斗实践和70多年执政兴国经验，我们积极学习借鉴人类文明的一切有益成果，欢迎一切有益的建议和善意的批评，但我们绝不接受"教师爷"般颐指气使的说教！揭示中国道路的成功密码，就是问"道"中国道路，也就是挖掘中国道路之中蕴含的中国智慧。吸收借鉴其他现代化强国的兴衰成败的经验教训，也就是问"道"强国之路的一般规律和基本原则。这个"道"不是一个具体的手段、具体的方法和具体的方略，而是可以为每个国家和民族选择"行道"之"器"提供必须要坚守的价值和基本原则。这个"道"是具有共通性的普遍智慧，可以启发其他国家和民族据此选择适合自己的发展道路，因而它具有世界意义。

路漫漫其修远兮，吾将上下而求索。"为天地立心，为生民立命，为往圣继绝学，为万世开太平"，是一切有理想、有抱负的哲学社会科学工作者都应该担负起的历史赋予的光荣使命。问道强国之路，为实现社会主义现代化强国提供智慧指引，是党的理论工作者义不容辞的社会责任。红旗文稿杂志社社长顾保国、中国青年出版社总编辑陈章乐在中央党校学习期间，深深沉思于问道强国之路这一"国之大者"，我也对此问题甚为关注，我们三人共同商定联合邀请国内相关领域权威专家一起"问道"。在中国青年出版社皮钧社长等的鼎力支持和领导组织下，经过各位专家学者和编辑一年的艰辛努力，几易其稿。这套丛书凝聚着每一位同仁不懈奋斗的辛勤汗水、殚精竭虑的深思智慧和饱含深情的热切厚望，终于像腹中婴儿一样怀着对未来的希望呱呱坠地。我们希望在强国路上，能够为中华民族的伟大复兴奉献绵薄之力。我们坚信，中国共产党和中国人民将在自己选择的道路上昂首阔步走下去，始终会把中国发展进步的命运牢牢掌握在自己手中！

是为序！

董振华

2022年3月于中央党校

→ 目 录

前　言 001

第 1 章　势在必行
　　　　——迈进交通强国是大势所趋
一、我国成为名副其实的交通大国 007
二、迈进交通强国是当前重大任务 011
三、科学谋划建设交通强国 018
四、绘就建设交通强国蓝图 020
五、推动交通强国建设试点工作 027

第 2 章　基建先行
　　　　——构建布局完善、立体互联的基础设施
一、建设现代化高质量综合立体交通网络 037
二、构建便捷顺畅的城市（群）交通网 042
三、形成广覆盖的农村交通基础设施网 049
四、构筑多层级、一体化的综合交通枢纽体系 053

第 3 章　装备为要
　　　　——实现先进适用完备可控交通装备
一、加强新型载运工具研发 061

二、加强特种装备研发 070

三、推进装备技术升级 076

第4章　服务至上
——提供人民满意的交通运输服务

一、推进出行服务快速化、便捷化 083

二、打造绿色高效的现代物流系统 089

三、加速新业态新模式发展 097

第5章　创新驱动
——支撑引领交通运输快速发展

一、强化前沿关键科技研发 105

二、大力发展智慧交通 110

三、完善科技创新机制 115

第6章　安全第一
——创造完善可靠、反应快速安全保障

一、提升交通本质安全水平 124

二、完善交通安全生产体系 134

三、强化交通应急救援能力 141

第7章　绿色优先
——实现交通运输可持续发展

一、促进资源节约集约利用 151

二、强化节能减排和污染防治 158

三、强化交通生态环境保护修复 168

第8章 开放共赢
——建立全面开放新格局、打造国际合作朋友圈

一、构建互联互通、面向全球的交通网络 175
二、加大对外开放力度 180
三、深化交通国际合作 182

第9章 人才为本
——建设保障有力的人才干部队伍

一、培育高水平交通科技人才 187
二、打造素质优良的交通劳动者大军 192
三、建设高素质专业化交通干部队伍 196

第10章 治理保障
——推进交通运输治理体系和治理能力现代化

一、深化行业改革 201
二、优化营商环境 208
三、扩大社会参与 212
四、培育交通文明 214

后　记 219

前　言

　　国家要强盛，交通须先行。交通运输自古以来都是大国崛起的重要支撑。纵观古今中外大国崛起的历程，几乎都以交通运输的发展为肇始和标志。从1—2世纪"条条大路通罗马"的古罗马帝国，到7—9世纪开拓陆上和海上丝绸之路的"盛世大唐"，从15世纪的葡萄牙、西班牙开辟海上新航路，17世纪荷兰"海上马车夫"，到确立海上霸权并成为最大殖民帝国的英国，再到当前综合交通运输体系相对发达和领先的美国，交通运输先行成为大国崛起的必由之路。

　　翻开新中国成立以来的恢宏画卷，交通运输是山水之间浓墨重彩的一笔。在党的坚强领导下，一代又一代交通人砥砺奋进、探索前行，走出了一条具有中国特色的交通运输发展道路，取得了举世瞩目的辉煌成就，各种运输方式从各自发展逐步转向互联互通、融合发展，综合立体交通网络初步形成，实现了对经济社会发展从"瓶颈制约"到"总体缓解"再到"基本适应"的转变。中国路、中国桥、中国港、中国高铁等成为靓丽的中国名片。我国已经成为名副其实的交通大国，为建设交通强国奠定了坚实基础。

习近平主席在第二届联合国全球可持续交通大会开幕式上的主旨讲话指出，新中国成立以来，几代人逢山开路、遇水架桥，建成了交通大国，正在加快建设交通强国。进入新时代，推动交通大国向交通强国转变是实现伟大复兴中国梦的有效途径，也是把握新一轮科技革命带来交通运输重大变革机遇的必然要求。党中央、国务院高度重视交通运输发展，颁布《交通强国建设纲要》，凸显党和国家把交通强国摆在更为突出的战略位置，开启了新时代交通运输新征程，为全体交通人吹响了奋进新时代的嘹亮号角。

为了贯彻和宣传《交通强国建设纲要》，让全社会更加了解交通强国建设的内涵，以行业专家和交通运输部管理干部学院的教授为主体编写《建设交通强国》。全书共十章，各章是有机联系的整体。势在必行，介绍建设交通强国的时代背景；基建先行，阐述建设交通强国的重要基础；装备为要，强调建设交通强国的关键环节；服务至上，体现建设交通强国的本质要求；创新驱动，突出建设交通强国的第一动力；安全第一，彰显建设交通强国的国际视野；绿色优先，表述建设交通强国的生态要求；开放共赢，描述建设交通强国拓展新空间；人才为本，凸显建设交通强国的第一资源；治理保障，论述建设交通强国的根本支撑。

《建设交通强国》具有较强的理论性、实践性，同时具有科普性、可读性。全书通过丰富的案例、形象的图片以及通俗的语言进行解释和说明，言简意赅，让读者全面系统了解交通强国建设。同时，希望通过本书，让社会更多人能够深刻理解"建设交通强国"的外延和内涵，领会其精神实质、核心要义，形成全社会上下思想统一、目标一致、同频共振、凝心合力，为加快建设交通强国贡献智慧和力量，当好中国现代化的开路先锋。

本书编写组

2021年12月6日

第 1 章

势在必行

——迈进交通强国是大势所趋

要建设更多更先进的航空枢纽、更完善的综合交通运输系统,加快建设交通强国。

——习近平总书记出席北京大兴国际机场投运仪式时强调(2019年9月26日)

第 ① 章　→ 势在必行——迈进交通强国是大势所趋

从世界大国发展历史进程来看，国家要强盛，交通须先行。目前，我国站在交通大国的新起点上，正在全面深入落实习近平总书记对交通运输的重要指示精神，锚定建设交通强国奋斗目标，奋力向交通强国迈进。

一、我国成为名副其实的交通大国

改革开放以来，经过几代交通人不懈努力，我国交通运输事业取得巨大进步。特别是党的十八大以来，在以习近平同志为核心的党中央领导下，我国交通运输事业发展取得了举世瞩目的成就，许多指标走在了世界前列。

（一）综合交通基础设施网络已经形成

我国综合交通基础设施网络规模巨大。截至2020年底，高速公路里程突破16.1万公里，公路总里程达到519.8万公里，跃居世界首位。高速铁路里程突破3.8万公里，铁路营业里程达到14.6万公里，居世界第一。内河航道通航里程达12.8万公里，规模以上港口万吨级及以上泊位达2592个，位居世界第一。全国港口货物吞吐量完成145.5亿吨，居世界第一，全球排名前十的港口当中我国占8个。定期航班通航机场数达240个，定期航班航线总条数达5581条，定期航班通航城市237个。城市轨道交通迅速发展，运营总里程达到7354.7公里。邮路总长度（单程）1187.4万公里，邮政营业网点27.5万处，乡乡设所、村村通邮总体实现，快递业务量稳居世界第一。

我国高速公路里程、高速铁路里程、沿海港口万吨级及以上泊位数、城市轨道交通运营总里程都稳居世界第一，民航运输机场已覆盖92%以上的地级市，高速公路、铁路对城区常住人口20万以上城市的覆盖率均超过95%。公路客货运输量及周转量均居世界首位，高速公路承担了全社会超过1/3的客运量和超过1/4的货运量。铁路货物发送量持续高位运行，高铁旅客周转量超过全球其他国家和地区总和，铁路旅客周转量、货运量居世界第一。海运承担了我国90%以上的外贸货物运输量，港口货物和集装箱吞吐量连续10多年保持世界第一，港口集装箱吞吐量占全世界总量的1/3以上，为我国成为世界第一货物贸易大国提供了有力支撑。快递业务量年均增长50%以上，跃居世界第一，运输服务对经济社会发展的支撑能力持续增强。民航运输旅客及货邮周转量均居世界第二。

（二）交通科技创新发展取得突破

我国交通运输科技水平从落后到跟踪追赶，进入跟跑、并跑、领跑"三跑并存"的新阶段。在交通信息化与智能化、交通装备、交通安全和交通基础设施建设等方面的技术创新取得重大突破，极大地提升了我国交通运输业的可持续发展能力和核心竞争力，发挥了科技对交通运输的支撑和引领作用。

我国突破了一批交通运输基础设施建设和重点装备的关键技术。高速公路、高速铁路、深水筑港、特大桥隧、大型机场工程等建造技术达到世界先进水平，港珠澳大桥、沪昆高铁、北京新机场、洋山深水港等一批交通超级工程震撼世界。C919大型客机、振华港机、高速列车、新能源汽车等交通装备技术达到世界先进水平，部分达到世界领先水平。我国攻克了一批交通运输信息化和智能化关键技术，智能交通系统建设速度明显加快、功能不断完善、效果日益显著，部分领域已经达到世界先进水平，在智能交通大数据应用、智能分析研判、智能交通执法和智能化便民服务方面正在迅速推进研发应用，有进入世界发展前列的势态。交通运输已成为我国科技创新的重点领域。云计算、大数据、互联网、北斗导航系统等信息通信技术在交通运输领域广泛应用，线上线下结合的商业模式蓬勃发展。

（三）行业治理能力大幅跃升

党的十八大以来，综合交通运输管理体制机制逐步完善，综合交通运输政策、法规、规划及标准体系基本形成。国家层面"一部三局"架构（交通运输部管理国家铁路局、中国民航局、国家邮政局）基本建立，行业标准不断完善，国际标准参与度逐步提升，简政放权力度加大，行政审批事项大幅精简，行业社会共治格局日趋完善，政府、社会、企业共同参与的行业治理格局初步形成。交通运输法治政府部门建设顶层设计完成。综合交通立法统筹推进。《中华人民共和国国防交通法》《中华人民共和国航道法》《铁路安全管理条例》《国内水路运输管理条例》等制定出台。网约车经营服务管理部门规章颁布。投融资、综合行政执法、预算管理等重点领域改革扎实推进。

（四）行业转型升级迈出坚实步伐

伴随云计算、大数据、人工智能、物联网等技术与交通产业加速融合，有效推动了行业转型升级。车路协同、自动驾驶、共享出行等新技术、新产业、新业态、新模式涌现，智慧交通快速发展，车辆自动驾驶、交通大数据等新技术应用不断推广，网约车、无车承运、共享单车分时租赁等新业态蓬勃发展，"互联网+交通"为交通运输发展增添了新的功能。绿色交通建设持续推进，港口、航道、绿色公路等绿色交通示范工程稳步推进，液化天然气（LNG）等清洁能源不断加大推广，进一步促进了交通运输与生态环境的融合发展。聚焦构建现代化综合运输体系，突破一批共性关键技术瓶颈，以智能交通为引领，实现交通运输从传统产业向现代服务业转型。

（五）交通国际影响力逐步增强

在经济全球化的背景下，我国交通运输能力显著增强，基础设施快速扩展，为国家经济的增长和大国实力的提升发挥了基础保障作用。以"一带一路"倡议为重点，我国交通运输行业"走出去"已经取得突破性进展，在基础设施规模、企业国际竞争力、国际交通运输保障能力、参与国际事务、履行国际义务等方面取得了明显成绩，交通运输国际影响力显著提高。对外交通运输网络逐步形成，服务"六廊六路多国多港"的交通互联互通架构基本形成，国际道路运输合作范围拓展至19个国家，中欧班列通达欧洲21个国家，民航航线通达64个国家和地区，水路国际运输航线覆盖100多个国家。积极参与全球交通运输治理，加入近120项交通运输领域多边条约，国际影响力明显增强。

| 知识链接 |

"六廊六路多国多港"

"六廊六路多国多港"是中国按照共建"一带一路"的

合作重点和空间布局提出的合作框架。"六廊"是指打通六大国际经济合作走廊，包括新亚欧大陆桥、中蒙俄、中国—中亚—西亚、中国—中南半岛、中巴、孟中印缅经济走廊。"六路"是指畅通六大路网，推动铁路、公路、水路、空路、管路、信息高速路互联互通。"多港"是指构建若干海上支点港口，围绕21世纪海上丝绸之路建设，通过多种方式，推动一批区位优势突出，支撑作用明显的重要港口建设。

我国积极参与国际海事组织（IMO）、国际民航组织（ICAO）、国际铁路联盟（UIC）、国际道路联盟（IRF）等30个具有重要影响力的交通运输国际组织活动，已连续当选国际海事组织A类理事国、国际民航组织一类理事国，我国航海、航空大国地位进一步凸显。

| 知识链接 |

交通国际组织

交通国际组织主要在条约和宗旨规定范围内，通过参与国际事务活动，管理交通全球化带来的国际问题。目前四大交通方式的国际组织总部全部位于发达国家。主要的交通国际组织有：国际道路联盟（IRF）、国际海事组织（IMO）、国际铁路联盟（UIC）、国际航空运输协会（IATA）等。

二、迈进交通强国是当前重大任务

随着交通运输事业快速发展，我国已经成为名副其实的交通大国。目前，我国正处在由"交通大国"向"交通强国"迈进的新起点上，必须锚定建设交通强国奋斗目标，认清意义，把握机遇，奋力进取。

(一) 加快建设交通强国的重要意义

1.加快建设交通强国是中国梦的重要组成部分

交通运输作为国家发展的重要产业部门，对促进国民经济发展具有重要支撑作用，交通运输就如科技、制造、人才、网络、贸易等领域一样，是强国梦的重要组成部分，贯穿生产、流通、分配、消费各个环节，只有这些国民经济的基本要素的强大，才能支撑实现中华民族伟大复兴的中国梦。

2.加快建设交通强国是满足人民美好生活需要的客观要求

党的十九大作出了我国社会主要矛盾发生变化的重大判断。从人民美好生活需要来看，人民群众希望得到更加个性化、多样化、品质化、高效率的交通运输服务。我国交通运输供给不足的状况已发生根本性转变，满足人民出行需求的关键已从"有没有"转为"好不好"。建设让人民满意的交通强国，是坚持以人民为中心的发展思想、满足人民日益增长的美好生活需要的客观要求，也是适应我国社会主要矛盾变化的必然选择。

3.加快建设交通强国是建设现代化经济体系的内在需要

交通运输担负着国民经济顺利运转的基础保障作用，是国家经济运转的战略性、引领性、基础性产业和服务性行业。建设现代化经济体系是我国发展的战略目标，我国经济已由高速增长阶段转向高质量发展阶段，交通运输一头连着生产，一头连着消费，是现代化经济体系的重要支撑。加快建设交通强国，推动交通运输高质量发展，有利于打造现代化供应链，支撑现代化经济体系建设；有利于深化供给侧结构性改革，提高供给体系质量和效率。

4.加快建设交通强国是全面建成社会主义现代化强国的有力支撑

实现社会主义现代化强国梦想，需要交通运输发挥先行官的作用，支持新时期国家经济战略的实施，支持国家对外开放、构建世界话语体系的政治需求。加快建设交通强国，是先行领域和战略支撑，也是全面建设社会主义现代化国家的一部分。加快建设交通强国，打造现代化综合交通运输体系，能有效支撑贸易强国、制造强国、科技强国、海洋强国等强国目标实现，为全面建成社会主义现代化强国提供有力支撑。

5.加快建设交通强国是交通迈向更高水平交通文明的价值追求和战略取向

我国已然是一个世界交通大国，从交通发展的自身需求出发，建设交通强国是交通发展转型升级提质增效的内在要求与一般规律。党的十九大将交通强国与质量强国、科技强国、网络强国等一道列为建设现代化强国的重要任务，不仅是对交通发展成就和坚实基础的肯定，更是交通面向第二个百年的主要目标，是交通对支撑国家富强的战略承诺，是交通发展在未来中长期的战略方向，是指引交通未来30年乃至更长发展的纲领性要求。

（二）我国交通强国建设面临的问题

1.交通运输设施、体系尚不完善

基础设施运能供给紧张与超前共存，铁路运输存在区段性瓶颈制约,公路通道部分区段已出现拥堵现象,长江等干线航道仍存在通航瓶颈制约,大型机场的基础设施建设滞后。多种交通方式为一体的综合客运枢纽相对较少。西部路网建设尤须加强,城乡基础设施发展差距较大,"老少边穷"等地区农村公路建设任务仍然艰巨。综合枢纽建设相对滞后,公路、铁路、水路、航空衔接问题突出。

2.交通运输服务效率、品质偏低

交通运输服务不能很好满足用户要求,具体表现为：客货运输组织一体化程度不高；一体化综合运输服务缺乏强有力的信息化、智能化、标准化技术和行业协同支撑,跨区域、跨方式、跨行业的信息共享严重缺乏,"管理孤岛""信息孤岛"现象普遍；多样性、个性化服务方式缺乏,体验感不强；货运服务市场体系不完善,运输方式间、城乡间、区域间的行政、技术壁垒和市场分割依然存在,市场的开放性和竞争性仍不充分；货运市场监管力度不足,诚信体系不健全,规范治理不充分；铁路货运定价机制不完善,货运服务水平不高,一体化服务比例偏低,货运服务的差异化、精细化、信息化、智能化、专业化水平总体较低,与物流及商贸流通、制造业、农业等的联动融合程度浅。

3.交通运输绿色化、智能化和经济性、安全性不高

我国交通运输发展与国际一流水平相比较,在以交通运输发展所追求的"可持续性、经济性、安全性"的指标上,既有优势,也存在不足。在清洁能源使用、交通运输碳排放以及环境保护方面,我国与国际一流水平差距并不大。但是我国交通运输安全度较低,安全事故带来的人员伤亡较多、经济损失较

大，安全问题是我国交通强国建设路上一大短板。同时，交通运输的经济效率较低，无论是交通运输产出还是物流绩效，都与发达国家存在较大差距。

4.国际制度话语权较弱

我国交通运输参与全球治理的主导作用还不强，国际话语权和规则制定仍然有限，对国际组织制定重大政策的引领作用不大，交通国际影响力和话语权较弱，主要体现在国际规则和标准的制定、国际运输服务贸易的定价权、国际纠纷的仲裁、国际组织中的主导权等方面。交通企业在管理、运营、服务水平和品牌影响力等方面与欧美相比，在全球范围内缺乏竞争力。参与制定国际标准不够，与发达国家和地区存在差距。国际交通组织中话语权仍控制在欧美等发达国家和地区手中。我国在国际交通组织中任职人数偏少，担任领导职务人数与我国的国际地位不符。

（三）借鉴世界交通强国的发展经验

纵观世界各国交通运输发展历程，并没有统一的发展模式，也无交通运输强国发展的清晰路径，但美国、德国、日本作为世界公认的交通运输强国，在交通运输发展方面具有一些共性规律积累的发展经验，值得我们学习借鉴。

1.改革创新交通运输管理体制机制

目前，世界上90%的国家都采取了综合运输管理体制，其中发达国家着眼于经济社会发展的全局性、整体性要求，还采取跨越交通运输领域的更为广泛的综合管理模式，建立了职能更广的"大部制"，以实行交通运输发展与国土开发、海洋利用、城市建设等一体化管理。通过行政管理体制的改革与创新，更好地与国家经济发展、政治需求紧密结合，将有限资源进行分配和利用，提升服务国家发展的战略支撑能力。

美国自建国以来，非常重视交通运输管理体制机制的改革创新，于1900年合并了8个部委，30多个局处，建立了集公路、铁路、水运、航空、管道于一体的综合运输管理体制，并且延续至今。日本对交通管理体制进行了多次变革，2001年成立国土交通省，将交通运输发展与国土资源紧密地结合在一起，应对日本日益紧缺的国土资源。德国的经历基本类似，交通运输管理机构不断变化。1998年，基于一体化运输的理念，对交通与区域规划、建设住房进行合并，成立了联邦交通、建设与住房部。2005年又更名为联邦交通、建设与城市发展部，其职责范围涵盖了所有与交通运输和规划建设有关的投资和管理职责。

2.重视交通运输与国家战略的紧密结合

交通运输作为国家发展的基础，是国家意志作用下的公共物品，其存在服务于国家战略目标。交通运输的发展与强大离不开国家的支持，而交通运输的发展命运与国家战略目标紧密相关。

美国在它的交通运输战略规划中，几乎每个五年的计划都会强调交通运输对于国家安全、国际竞争力的重要地位。奥巴马政府为了实现"绿色新政"的战略目标，交通运输发展也紧跟绿色发展步伐制定能源经济效率标准，研发新能源车辆，颁布法案，加强清洁能源的利用。为实现美国经济霸权的目标，美国联邦运输部专门制定了"连通世界"的战略目标，加强与周边国家的陆海运输通道建设。

日本政府长期以来推行"一极集中"的政策，人口和财富主要集中在东京、大阪和名古屋三大都市圈。为保证城市正常运转、完善城市功能，日本大力发展以轨道交通为主的城市交通，把城市交通作为城市化进程的先导，形成了以城市交通为主的综合交通推进模式。

3.善于抓住科技创新发展新机遇

纵观交通运输强国之路，都是充分利用技术革新带来的交通进步，推动交通运输快速发展，从而走到世界交通运输发展的前列。

美国的交通发展历史就是一部科技创新驱动的历史。美国善于抓住每一次技术革命的契机，推动了各种运输方式的及时发展、充分发展。19世纪初，美国以蒸汽机为代表的技术革命，促成了水路运输的兴起和铁路运输的大发展。20世纪初，美国大力使用内燃机技术，使公路运输得以迅速发展；第二次世界大战以后，美国航空技术日趋成熟，民用航空运输迅速崛起。21世纪，美国大力推动科技创新、推行透明政府，发展智能交通，全力推动交通运输迈上智能化发展的新台阶。德国与美国的情况类似，充分利用在第二次工业革命中的技术发明，德国成功制成了第一辆用汽油内燃机驱动的汽车，推动了德国汽车业的快速发展。

4.牢牢把握国际制度话语权

交通运输强国必定都是国际话语国，牢牢掌握着国际交通运输事务发展的方向。从发达国家和新兴经济体的发展史看，积极参与国际事务，主导国际话语权是其成功经验的共同特征。民航和邮政领域，90%以上的国际规则制定几乎都是由欧盟主导,与交通运输紧密相关的国际海事组织、海运规则也基本都出自欧盟国家。

在交通运输发展中,美国是军事强国下的全球化路径,欧盟是技术领先型的路径。后起的国家,基本难以主导国际事务,但是积极吸引国际组织在本国设立办事处或者在本国召开重要会议,以本国地名命名国际重要协议,从而提升国际影响力,也是积极参与国际事务的重要途径。如日本在全球大气污染领域,积极参与、引导全球减排共识,于1997年在日本京都签订《京都议定书》,彰显了其在该领域的地位。

三、科学谋划建设交通强国

党的十九大提出建设交通强国,是新时代赋予中国交通运输事业的崇高使命。在中央作出部署之前,有关部门做了大量研究和谋划工作,为推动交通强国建设打下了基础。

(一)开展建设交通强国研究工作

交通运输部较早地开展了建设交通强国相关研究工作。2013年,开展交通现代化战略研究,初步制定交通强国的路线图和战略规划。2016年,组建课题组出版《我国交通运输对标国际研究》,分析了我国交通发展与世界交通强国的差距以及国际方位。2017年,作为重大咨询项目,联合中国工程院开展《交通强国战略研究》,由工程院傅志寰、孙永福院士担任项目组组长,由工程院副院长何华武院士、中国公路学会翁孟勇理事长担任项目组副组长,工程院32位院士和有关科研院所、高校、企业在内的12家单位100多位研究人员参加项目研究。通过深入分析现有交通问题，预测未来交通需求发展趋势，借鉴建设世界交通强国的发展经验，项目组会同交通运输部对建设交通强国的战略目标、历史使命、战略重点、主要内涵、关键突破点、实现途径、评价指标、政策构建等内容开展了系统研究。

（二）明确建设交通强国基本要求

建设交通强国是党中央、国务院作出的重大决策部署，是一项涉及观念行为、体制机制变革的重大战略任务，必须坚持党的领导，牢牢把握正确的政治方向，把党的领导贯穿交通强国建设的全过程。充分发挥党总揽全局、协调各方的作用，形成全社会共同参与的格局。注重转型发展、稳步推进，逐步解决存在的矛盾和问题，找准抓住进一步发展的着力点，推动全面发展、科学发展。践行新发展理念，解放思想，创新理念，围绕国家重大战略提出新的发展思路和举措，持续提高服务能力，更好满足国家经济社会发展需要。推动高质量发展，更加注重结构优化和整体效能提升，发挥比较优势，统筹铁路、航空、水运、公路、邮政发展。完善现代化综合交通体系，提升综合运输效率。

（三）编制印发《交通强国建设纲要》

经过前期系统研究，在2018年全国交通运输工作会议上，作出交通强国建设的全面部署，开展了《交通强国建设纲要》编制工作。按党中央、国务院的决策部署，由交通运输部牵头，国务院有关部门、各省区市参与,以及中国工程院等10余家研究机构,历时22个月,编制了《交通强国建设纲要》。2019年9月19日,党中央、国务院批准印发《交通强国建设纲要》,并发出通知。至此,《交通强国建设纲要》作为建设交通强国的系统谋划和顶层设计,拉开了加快建设交通强国的序幕,为中国走出一条有中国特色的交通强国建设之路提供了根本遵循,掀开了建设人民满意、保障有力、世界前列的交通强国新篇章。

四、绘就建设交通强国蓝图

《交通强国建设纲要》绘就了未来30年我国交通发展的宏伟蓝图,是新时代交通发展的新使命,也是交通行业共同的行动纲领。

(一)锚定"一个总目标"

交通强国建设的总目标就是"人民满意、保障有力、世界前列"。"人民满意"是交通强国建设的根本宗旨,强调坚持以人民为中心的发展思想。"保障有力"是交通强国建设的基本定位,强调为国家重大战略实施、现代化经济体系构建和社会主义现代化强国建设提供有力支撑。"世界前列"是交通强国建设的必然要求,强调交通综合实力和国际竞争力位于前列。"人民满意、保障有力、世界前列"三者相辅相成,缺一不可,共同构成交通强国建设的总目标。

"人民满意",就是要建设人民满意的交通,真正做到人民交通为人民、人民交通靠人民、人民交通由人民共享、人民交通让人民满意。

"保障有力"，就是要紧紧围绕国家重大战略布局，以高质量负责为导向，坚持衔接协调融合发展，坚持整体推进、协调发展，坚持生态优先、绿色发展，坚持创新驱动、科学发展，着力补齐短板，加快提升效率，充分发挥比较优势，更好服务国家重大战略实施。为国家重大战略实施、现代化经济体系构建和社会主义现代化强国建设提供有力支撑。

"世界前列"，就是要全面实现交通现代化基础设施规模质量、技术装备、科技创新能力、智能化与绿色化水平位居世界前列，交通安全水平、治理能力、文明程度、国际竞争力及影响力达到国际先进水平。

（二）明确"两个阶段"

建设交通强国，要分阶段实现基本目标。在2020年完成决胜全面建成小康社会交通建设任务和"十三五"现代综合交通运输体系发展规划各项任务的基础上，从2021年到本世纪中叶，分两个阶段推进交通强国建设。

第一个阶段，从2021年到2035年，用15年的时间基本建成交通强国，现代化综合交通运输体系基本形成，人民满意度明显提高，支撑国家现代化建设能力显著增强，交通国际竞争力和影响力显著提升。

拥有"三张交通网""两个交通圈"。"三张交通网"：一是发达的快速网。主要包括高铁、高速公路、民航，主要突出高品质、速度快等特点。二是完善的干线网。主要是由普速铁路、普通国道、航道，还有油气管线组成，具有运行效率高、服务能力强等特点，人流、货流、物流通过它快速有效地输送。三是广泛的基础网。主要是由普通的省道、农村公路、支线铁路、支线航道、通用航空组成，这张网就是覆盖的空间大、通达的程度深、惠及的面比较广。这三张网构成了交通的体系。"两个交通圈"是指围绕国内出行和全球的快货物流建立起来的快速服务体系。一是"全国123出行交通圈"，我们力争要实现都市区一小时通勤，城市群两小时通达，全国主要城市三小时覆盖。二是"全球123快货物流圈"，力争货物国内一天送达，周边国家两天送达，全球主要城市三天送达。

第二个阶段，从2036年到2050年，就是到本世纪中叶，全面建成人民满意、保障有力、世界前列的交通强国，全面服务和保障社会主义现代化强国建设、人民享有美好的交通服务。

建成现代化综合交通运输体系，实现"人享其行、物优其流、国倚其强"。高质量交通一体化，各种运输方式实现深度融合、便捷顺畅、经济高效。交通科技与创新能力进入世界前列，部分关键技术引领世界发展。智能交通实现世界领先，交通服务达到世界领先水平。多样化、个性化服务满足大众出行需求，公共交通、共享交通充分发展，大幅度降低私人汽车保有量。绿色交通世界领先，便捷高效、绿色智能。交通"零死亡"愿景基本实现，道路交通万车死亡率降至0.3以内，出行安全舒适、人民放心。破解城市交通拥堵难题，大幅度降低交通污染，居民出行品质和出行体验位居世界前列。形成独具特色的中国乡村交通体系，乡村交通安全大幅提升，高质量公共客运服务覆盖农村，支撑城乡一体、区域协调、美丽乡村建设。具有与社会主义现代化强国相匹配的国际影响力，成为全球交通标准制定的主要参与者、交通治理体系的引领者之一。

（三）推进"三个转变"

推进"三个转变"，就是由追求速度规模向更加注重质量效益转变，由各种交通方式相对独立发展向更加注重一体化融合发展转变，由依靠传统要素驱动向更加注重创新驱动转变。当前我国交通设施逐步成网，建设投资强度逐渐下降，发展重点不在于"快"和"规模"，而在于"强"，要逐步由量的增加转变到质效的提升上来，推动质量变革、效率变革、动力变革，推动交通转型升级。过去在底子薄、基础弱的发展阶段，各种运输方式相对独立发展能够加快发展速度，加快成网，到了现阶段，量的问题基本解决，就要注重各种运输方式协调发展，强调系统整体最优，一体化融合发展。过去主要依赖投资、土地、低成本劳动力等生产要素投入驱动，随着土地、劳动力、资源等生产要素成本的不断提高，交通债务不断积累，再靠生产要素投入支持交通发展难以为继，必须向侧重依靠科技进步和制度创新驱动转变。

由追求速度规模向更加注重质量效益转变，需要推进出行服务便捷化、快速化，货运发展多式联运，建设快货运输体系；优化交通能源结构，促进公路货运节能减排，推进新能源、清洁能源应用等。由各种交通方式相对独立发展向更加注重一体化融合发展转变，建设现代化高质量综合立体交通网络，统筹公路、铁路、水运、管道、民航、邮政等基础设施规划建设，构筑多层级综合交通枢纽体系等。由依靠传统要素驱动向更加注重创新驱动转变，强化民用飞行器、汽车、船舶等装备动力传动系统研发，突破高效率、大推力/大功率发动机等装备设备关键技术；合理统筹安排时速600公里级高速磁悬浮系统。

（四）打造"四个一流"

"四个一流"，就是"一流设施、一流技术、一流管理、一流服务"。"四个一流"是世界一流概念，涵盖设施、技术、管理、服务各个方面。

打造一流设施。重点打造"三张交通网"，顺应信息革命发展潮流，推进数据资源赋能交通发展，加速交通基础设施网、运输服务网、能源网与信息网融合发展，构建泛在先进的交通信息基础设施。

打造一流技术。紧跟世界科技前沿，不断提升交通科技创新和应用水平。加强特种装备和新型载运工具研发，推进装备技术升级，实现交通装备先进适用、完备可控；瞄准新一代信息技术、智能制造、人工智能、新能源、新材料等世界科技前沿，加强交通领域颠覆性、前瞻性技术研究；推动互联网、大数据、区块链、人工智能、超级计算等新技术与交通行业融合，不断提高行业全要素生产率。

| 知识链接 |

智慧城市交通大脑

智慧城市交通大脑以交通大数据为核心、交通信用为基础、交通治理为目标，通过对城市级交通大数据的运营，分别为政府、企业、市民提供更智能的产品和服务，协助政府实现交通数据监管、交通业务治理、交通服务创新；帮助企业提升经营效率、创新商业模式；为市民提供更多优质出行服务，开创智慧交通出行时代。

打造一流管理。深入推进交通治理体系和治理能力现代化，形成协同高效、良法善治、共同参与的良好局面，通过治理现代化实现交通运输现代化。优化营商环境，深化行业改革，扩大社会参与，培育交通文明，以交通文明促进交通治理现代化。

打造一流服务。大力提高运输服务的经济性、品质和效率，实现运输服务便捷舒适、经济高效。打造"两个交通圈"，通过"两个交通圈"建设，提供更高品质、更高水平的服务，不断提升人民群众的获得感、幸福感和安全感。大力发展"互联网+"高效物流，建立并完善通达全球的寄递服务体系，积极发展现代物流。

（五）实现"五个价值"

"安全、便捷、高效、绿色、经济"是交通发展的内在要求和不懈追求。安全是交通发展的基本前提，是交通出行的最基本要求。便捷、高效是一流交通服务水平的重要体现。绿色是交通可持续发展的基本原则，是高质量发展的重要内涵。经济是降低运输成本，提高交通竞争力的主要内涵。

安全是交通运输发展的永恒主题。要以"零死亡"为愿景，铁路、航空安全保持国际先进水平，水运安全重大风险防控取得显著成效，道路交通万车死亡率降至 0.5 以内。以提升交通智能化水平为手段，以交通安全系统工程思路为指导，以构建交通安全长效机制和社会防控体系为保障，建成国际领先的交通安全发展体系。交通安全和应急救援体系完备，交通系统的安全性、可靠性全面提升，全面提高道路、铁路、水路、航空和城市综合交通安全水平。

便捷、高效是对提高综合交通供给效率的要求，也是交通运输不断满足人民群众出行需要的内在要求。实现基本公共服务均等、客运服务便捷高效、安全可靠；一站式、多样化、共享交通服务普及；统一开放、竞争有序、一单到底、经济高效的货运服务体系基本形成，物流成本在国内生产总值中的占比降到10%以下，集装箱海铁联运比例超过10%；城市交通拥堵与交通污染治理取得显著成效，交通运行效率显著提升，居民出行品质和出行体验感显著改善，使城市生活更加宜居，为城市发展注入持久活力。

绿色是对促进交通与自然和谐共生的要求。实现交通系统全环节、全生命周期的绿色化，铁路客货运量、多式联运占比明显提升。新增车辆中清洁能源车辆占比超过50%，建成完善的步行与自行车道路系统，交通参与者交通守法率达95%以上。建成便捷高效、绿色智能的综合交通运输体系，城市绿色出行分担率达到90%以上，交通运输节能减排达到世界先进水平。

经济是对交通运输投入产出比率的要求，也是综合交通运输保持竞争力的优势所在。实现交通公平性和基本公共服务均等化，提高交通体验感、获得感和满足多样化、个性化出行的基本要求，发挥在扩大内需、加快转变经济发展方式、推进经济结构战略性调整中的基础性作用，进一步提升国民经济整体效率。

五、推动交通强国建设试点工作

为加快建设交通强国，中央明确要先行先试，通过试点探索可行有效的交通强国实现路径和实现形式，为全面开展交通强国建设提供可复制可推广的经验做法。交通运输部按照党中央的要求积极组织开展交通强国建设试点工作。

（一）全面部署试点工作

2018年以来，聚焦交通强国建设重点领域，交通运输部与相关省份共同探索适应地方发展需求的试点方案。2018年8月，试点方案提交研究讨论，并进一步修改完善。2019年以来，结合《交通强国建设纲要》和《国家综合立体交通网规划纲要（2021—2050年）》印发实施，不断丰富试点方案，2019年6月形成最终稿。明确坚持点面结合、探索创新，近远结合、滚动实施，因地制宜、分类推进，多方联合、共同实施的原则，围绕优势领域、重点领域、关键环节或急需领域，充分发挥交通强国建设试点工作的先行先试和示范引领作用，分主题、分地区、分批次开展交通强国建设试点工作，科学组织实施试点任务。

交通运输部统筹领导交通强国建设试点工作，建立工作机制和评价考核机制，协调解决试点工作中出现的问题，对试点工作实施进行监督。主要以各省、自治区、直辖市、新疆生产建设兵团和计划单列市交通运输主管部门为主体组织开展本地区试点工作。试点实施单位包括地方交通运输及民航、铁路、邮政主管部门，企业（含中央管理企业）、科研单位、高校、社会团体，交通运输部直属各级部门、单位等。鼓励多方参与、联合申报，强化部门间协同、方式间融合、区域间协调。试点目标是通过1—2年时间，取得试点任务的阶段性成果，用3—5年时间取得相对完善的系统性成果，培育若干在交通强国建设中具有引领示范作用的试点项目，形成一批可复制、可推广的先进经验和典型成果，出台一批政策规划、标准规范等，进一步完善体制机制，培养一批高素质专业化的交通人才，在交通强国建设试点领域实现率先突破，推动交通强国早日实现。

（二）启动交通强国建设试点

交通强国建设试点工作自2019年底启动，相关单位密切配合、协同推进，各项工作进展顺利，试点工作已成为加快建设交通强国的重要抓手。

在全国范围内全面启动试点工作。一是确定了三批试点单位。突破传统意义上的"择优试点"，协同推动各方申报，推出前三批共计68家试点单位，其中省级交通运输主管部门32家，副省级城市交通运输主管部门5家，大型企业12家，部属单位13家，科研高校6家。第一批交通强国建设试点：河北雄安新区、江苏省、辽宁省、浙江省、河南省、山东省、湖南省、湖北省、广西壮族自治区、重庆市、新疆维吾尔自治区、贵州省、深圳市。第二批交通强国建设试点单位：天津、内蒙古、山西、吉林、安徽、上海、福建、广东、江西、四川、陕西、云南、厦门、宁波等14地交通运输部门，中国移动通信集团有限公司、招商局集团有限公司、中国远洋海运集团有限公司、中国交通建设集团有限公司、中国铁道建筑集团有限公司、中国邮政集团公司等6家企业以及大连海事大学。第三批交通强国建设试点：北京市交通委员会、黑龙江省交通运输厅、海南省交通运输厅、西藏自治区交通运输厅、青海省交通运输厅、甘肃省交通运输厅、宁夏回族自治区交通运输厅、新疆生产建设兵团交通运输局、青岛市交通运输局、武汉市交通运输局、国家能源投资集团有限公司、中国建筑集团有限公司、中国中车集团有限公司、阿里巴巴（中国）有限公司、北京京东世纪贸易有限公司、重庆高速公路集团有限公司、东南大学、北京航空航天大学、大连理工大学、武汉理工大学、北京交通大学、长安大学、交通运输部救助打捞局、交通运输部规划研究院、中国船级社、交通运输部科学研究院、交通运输部公路科学研究院、交通运输部水运科学研究院、人民交通出版传媒管理有限公司、交通运输部天津水运工程科学研究院、中国交通通信信息中心、交通运输部职业资格中心、交通运输部长江航务管理局、交通运输部海事局。二是明确试点任务。共同指导试点单位制定、完善试点实施方案，已完成前两批34家试点单位实施方案批复工作，细化实化具体试点任务共计180余项。三是组织开展实施。初步建立与试点单位的联络机制，部分成员单位在相关业务领域已率先开展指导工作，各项试点任务正按计划有条不紊地开展。四是积极开展宣传。在微信公众号推出8期交通强国建设试点宣传专栏，试点工作影响力不断增强。

各试点单位高度重视，把试点工作作为重要战略任务，周密部署，精心组织，狠抓落实。一是加强顶层设计。健全组织领导和工作推进体系，大多数试点单位成立领导小组或工作专班，建立工作制度、奖惩考核制度，为试点的开展提供组织机制保障。二是精心组织。大多数试点单位细化实施方案，制订具体推进计划，明确责任分工、时间节点和重点任务。三是狠抓落实，稳步推进各项试点任务落地落实，部分试点单位结合地方重大项目或本地区、本单位的"十四五"规划，给予重点支持，配置相应资源。

（三）加快试点领域重大突破

2020年是交通强国试点全面启动年。围绕设施、技术、管理、服务领域先行先试，实现重大突破，形成良好的示范效应。力争用1—2年时间取得试点任务的阶段性成果，用3—5年时间取得相对完善的系统性成果，打造一批先行先试典型样板，并在全国范围内有序推广。

设施领域方面，重点是建设跨区域综合运输大通道，推动交通基础设施高质量发展，加强农村交通基础设施建设，打造综合交通一体化枢纽，推动交通与旅游等产业融合发展。

< 拓展阅读 >

轨道联通"世界港"，长三角将"更立体"

在交通运输部关于浙江省开展构筑现代综合立体交通网络等交通强国建设试点工作的意见中，35次提到宁波，14次提到舟山港。其具体节点目标是，3至5年，宁波舟山港基本实现一体化管理，基本建成世界一流现代化枢纽港、一流航运服务基地、一流大宗商品储运交易加工基地，油品全产业链基本形成。根据目前公布的批复意见，"浙江方案"明确将建设方便快捷的干线网，构筑现代综合立体交通网络；同时打通"陆海"，打造义甬舟陆海统筹双向开放大通道。"江苏方案"中也强调，将"构建城市群区域一体化轨道客运系统"。

技术领域方面，重点是促进技术研发与装备升级，实现设施设备标准化单元化，推动智能交通建设，建设综合交通运输大数据中心，打造基于城市智能交通系统的城市"交通大脑"，推进跨部门跨区域信息合作共享。

＜拓展阅读＞
河北雄安新区建设运营智慧高速公路

结合试点工作实际，河北省交通运输厅、雄安新区管委会制定了《河北雄安新区交通强国建设试点任务清单》，对试点任务进行深化细化，提出规划编制、专题研究、平台系统和示范工程四大类具体任务。根据任务进度，加快推进平台系统与示范工程建设，初步形成一批高质量的试点成果。目前，编制完成京雄高速智慧公路试点建设方案；建成基于 BIM+GIS 的信息化综合管理平台，并在项目建设过程中投入使用；项目智慧交通部分的施工图文件已取得批复。荣乌高速新线确定了分时段货车全车道通行方案，完成了货车智能管控系统设计大纲。京德高速完成了高速公路交通事故风险辨识系统设计方案，初步开发出交通事故风险辨识系统，并在新元高速进行了测试。

管理领域方面，重点是加强交通运输制度体系创新，推动综合交通运输体制机制改革，强化交通运输现代市场体系建设，构建交通运输安全发展体系建设，促进交通运输高水平对外开放，深化交通运输投融资体制改革。

＜拓展阅读＞

武汉将"打造交通强国建设示范城市"列为当前及以后交通运输工作目标指引

目前，武汉市交通运输局已编制完成《交通强国建设武汉市试点实施方案（初稿）》，明确提出紧紧围绕"打造交通强国建设示范城市"目标，坚持交通引领、支撑城市发展原则，积极推进"通道＋枢纽＋网络"综合交通体系建设，重点从国际通道、公交都市、应急物流、智慧交通等四个方面，加快建成"超米字型"高铁网络、长江中游航运中心、国际航空门户枢纽，建设联贯长江经济带、联接"一带一路"、联通世界的国际性综合交通枢纽城市。

服务领域方面，重点是加强现代物流建设，强化城市交通拥堵治理，推动交通运输业态模式创新，促进交通政务服务便利化，加强现代化人才培育，强化交通文明认同感。

＜拓展阅读＞

国家能源投资集团有限公司为全面加快建设交通强国贡献力量

据悉，国家能源投资集团有限公司运输产业将依托"3万吨级重载列车开行方案研究与应用""散货码头全流程粉尘治理技术研发与应用"等9个项目，根据交通运输部的统筹安排，科学组织实施试点任务。利用1至2年时间，取得试点任务的阶段性成果；用3至5年时间取得相对完善的系统性成果，在试点领域实现率先突破，形成一批可推广的典型成果，完善相关标准规范、体制机制，培养一批高素质专业化的运输人才，切实推进公司运输产业高质量发展，有效落实集团公司"一个目标、三型五化、七个一流"发展战略，为全面加快建设交通强国贡献力量。

第 2 章

基建先行

——构建布局完善、立体互联的基础设施

面对新形势，我们应该加快完善基础设施建设，打造全方位互联互通格局。互联互通是一条脚下之路，无论是公路、铁路、航路还是网络，路通到哪里，我们的合作就在哪里。

——国家主席习近平在亚太经合组织第二十二次领导人非正式会议上的开幕辞（2014年11月11日）

第②章 → 基建先行——构建布局完善、立体互联的基础设施

港珠澳大桥仿佛海上的银线，串起了珠海、香港、澳门三颗明珠，让世界瞩目；"复兴号"犹如银色长龙在中华大地上疾驰穿梭，跑出了中国速度，让世界惊叹；北京大兴国际机场"凤凰展翅"，亮出了中国基建的实力，让全世界为之震撼……一个又一个的交通基础设施建设奇迹不断绽放，中国交通正在发生空前的巨变。

攻克了改革开放初的"瓶颈制约"，经历了20世纪末的"初步缓解"，到如今的"基本适应"，我国交通基础设施的建设取得了历史性的成就。但对比国际交通运输一流水平，我国基础设施建设还存在着运能配置欠均衡、结构性问题突出、不同运输方式之间衔接不够顺畅等问题，大而不强。

一、建设现代化高质量综合立体交通网络

经济社会的高质量发展，对交通运输的便捷衔接、速度质量提出新的、更高的要求。未来，交通基础设施将不再是简单的"多网叠加"，而是"综合立体"，各种交通运输方式"各司其职"，又"无缝衔接"，最大限度地发挥整体效能。

（一）全面统筹交通基础设施建设

1.以国家发展规划为依据

近年来，国家先后发布了《乡村振兴战略规划（2018—2022年）》《粤港澳大湾区发展规划纲要》《国家综合立体交通网规划纲要》等战略规划，交通基础设施在这些规划实施过程中发挥了重要的支撑和保障作用，要求交通基础建设以国家发

展规划为依据，从全社会、全行业的角度出发，审视交通运输体系的供给性和服务能力，打造高质量的综合立体交通网络。

2.发挥国土空间规划的指导作用

国土空间规划是国家空间发展和可持续发展的指南，是开发保护建设活动的基本依据。交通规划应当在国家发展规划的统领下编制，遵循国土空间规划，将主要内容纳入国土空间详细规划。

3.统筹铁路、公路、水运、民航、管道、邮政等基础设施规划建设

现阶段，交通运输基础设施发展的主要矛盾已经从"数量要求"转向了"质量要求"。高质量发展需要从全运输方式共同满足社会运输需求的角度，统筹规划铁路、公路、水运、民航、管道、邮政等运输方式的协调发展。新时期，要以发展规划为指引，建设结构合理、规模适度超前的现代化高质量综合立体交通网络。

(二)实现立体互联、增强系统弹性

1.以多中心、网络化为主形态，完善多层次网络布局

一方面，规划好基础设施网络布局，把握好基础设施网络规模，完善不同交通运输方式之间的设施衔接，优化中转、换乘配套设施和集疏运网络，构建一张建设有序、层级合理、衔接高效、互联互通的海陆空骨架网络。另一方面，以高铁、高速公路、民航为主构建发达的快速网，以普通铁路、普通国道、航道和油气管线为主建设完善的干线网，以普通的省道、农村公路、支线铁路、支线航道、通用航空组成广泛的基础网，深

度优化网络结构，把握合理超前规模，打造分工合理、功能互补、高效一体的多层次交通运输网。

|知识链接|

什么是系统弹性？

交通行业发展历程中，不仅考虑交通系统最优化，同时也从规划、设计、建设、运营等多个方面，综合提高系统坚韧性，使得系统在遭受气候变化等意外的外部冲击后更坚固、耐冲击、易恢复。

2.优化存量资源配置

我国建设规模和主要密度指标稳居世界前列，但基础设施仍存在局部地区运输能力利用不充分、规划超前和结构不合理等问题。要统筹新建与已建基础设施的协调发展，推进已建交通基础设施的转型升级与提质增效。坚持以供给侧结构性改革为主线，优化综合交通基础设施网络建设，是我国从交通大国走向交通强国的必由之路。

3.扩大优质增量供给

当前，交通运输发展面临的土地、资源、环境等刚性约束持续增大，劳动力成本明显上升，融资难问题日益凸显。要推动交通从规划设计到建设养护，再到运营管理全环节，加强对资源的集约利用，减少耕地和基本农田的占用，充分发挥市场在资源配置上的充分作用，用存量换增量，以资产换资本。例如，大力推进交通与旅游、物流、互联网、新能源、金融等产业的融合发展，形成交通运输发展新动能。

4.增强系统弹性

一方面,要统筹好不同交通方式的分工和定位,突出不同交通运输方式的可选择性与性价比,优化基础设施资源配置。另一方面,要不断完善突发事件下交通运输系统的快速恢复和平稳运行能力,提高综合立体交通网的抗冲击弹性和安全稳定性。

(三)形成区域交通协调发展新格局

随着东部率先发展、西部大开发、中部崛起和东北振兴区域发展战略的提出和实施,经济社会发展对区域间交通的联系性和便捷性提出了新的要求,需要优化交通运输资源配置,推动东部、西部、中部和东北地区交通运输协调发展。

1.强化西部地区补短板

西部地区交通基础建设与东部发达地区相比,还有一定的差距。基础设施规模总量落后,衔接沟通能力有待提高,投融资与

* 拉林铁路通车(《中国交通报》)

经营模式亟待进一步探索。未来，西部地区要利用好"一带一路"建设黄河流域生态保护、高质量发展和西部陆海新通道建设等重大国家战略机遇期，秉持交通一体化和高质量发展理念，统筹规划交通基础设施网，加紧完成各种交通运输方式基础设施建设。

2. 推进东北地区提质改造

经过多年发展，东北地区已经总体形成了涵盖铁路、公路、水运、航空、邮政和管道多种交通运输方式的综合交通体系。但随着东北地区经济结构和产业布局的调整，交通基础设施逐渐暴露出诸多问题。今后，要以推进基础设施提质改造为重点，加快对老旧铁路通道枢纽、低等级国省干线公路进行扩能改造和服务升级，继续提高沿边铁路和农村公路通达深度；逐步提升水运航道承运能力和设施等级，支持高等级航道建设；加强东北地区通用机场建设和空域管理体制改革，切实提高交通运输效率和保障能力。

3. 推动中部地区大通道大枢纽建设

中部地区承东启西、连南接北，构建大通道大枢纽有利于推动交通运输新旧动能转换。要在既有综合运输网络基础上，优化布局，统筹打造横贯东西、纵贯南北、内畅外通的综合运输大通道。通道应覆盖全国主要城市群和其他重要城市以及主要资源产地、消费地，顺畅衔接国家重要交通枢纽和口岸城市、交通干线与重要支线，做好综合运输通道的对外衔接。

4. 加速东部地区优化升级

东部地区人口密集、经济发达，交通运输需求量大，促进了交通基础设施的发展和体系的完善。但是东部地区交通基础设施的发展也深受土地资源紧张、环保形势严峻等因素限制，面临诸多困难和问题。要推动东部地区优化升级，重点是发展铁路运输，大力推动东部地区城市群之间城际铁路网建设。利用东部地区的天然水路优势，大力提升长江、西江、京杭运河等干线航道运能，完善集疏运体系，打造以铁路、水路为主的绿色货运通道体系。

二、构建便捷顺畅的城市（群）交通网

城市群的发展与交通密切相关，交通运输网络是城市群发展的动脉。按照方便快捷、通顺畅通的原则，建设多通道、全覆盖的交通网络，实现交通基础设施互联互通，将有效推动城市群的协同发展。

（一）建设城市群一体化交通网

城市群一体化依托城市之间基础设施建设和管理的衔接，有助于促进资源要素在更大区域范围内的流动和优化，提高区域整体的均衡发展水平。构建城市群一体化交通网，应着重从两个方面开展。

1. 推进城市群轨道交通网络发展

统筹规划城市群轨道交通网络布局，构建多层次的快速交通网，推动干线铁路、城际铁路、市域（郊）铁路和城市轨道交通"四网融合"，实现运输组织协同化、安全保障综合化和信息服务智能化。

构建城市群轨道交通运营管理"一张网"。推动中心城市轨道交通向周边城市（镇）延伸，推动中心城市、周边城市

（镇）、新城等轨道交通有效衔接，加快实现便捷换乘，更好满足通勤需求。

有序推进城际铁路和市域（郊）铁路建设。一方面，统筹布局城市群城际铁路线路和停靠站点，完善城际铁路网规划，充分利用普速铁路和高速铁路提供城际列车服务。另一方面，大力发展市域（郊）铁路，通过已有铁路补强、局部线路改扩建、站房站台改造等方式，优先利用既有资源开行市域（郊）列车；有序新建市域（郊）铁路，逐步将市域（郊）铁路纳入城市公共交通系统。

智能驱动实现出行全过程一体化。干线铁路、城际铁路、市域（郊）铁路和城市轨道在时空多维度的感知、关联和转换的基础上，通过智能化推演，实现城市群一体化的系统装备与

* 北京市郊铁路城市副中心线列车首发（《中国交通报》，祝海燕摄）

联动指挥。

2.完善城市群公路网络布局

一方面，构建多层级城市群快速公路主干道。加快贯通城市群高速公路通道，服务城市群协同发展，加速推进城市群高速公路待贯通路段建设，确保城市群高速公路实现贯通；推进普通国省干线升级改造，拓展服务功能。加强城市群普通国省道干线的低等级路段改扩建，推动干线公路服务升级。

另一方面，注重加强干线公路与城市道路的有效衔接。完善进出城道路网络布局，结合城市交通特性和需求，围绕促进城市交通体系和干线公路布局有机衔接，明确建设重点和时序；升级改造重要拥堵节点，通过改善交叉口、拓宽城市道路、优化改造立交桥等方式疏解拥堵；增设干线公路进出城出入口，提高进出城出入口密度，促进交通流在路网上的协同分布；提高基础设施智能化水平，通过加快实施"互联网＋"交通行动，大幅提升道路设施、综合交通枢纽信息化水平。

（二）科学制定和实施城市综合交通体系规划

城市综合交通体系规划是个系统工程，要合理安排城市综合交通系统各子系统关系，统筹子交通系统的资源配置，形成支撑城市可持续发展的综合交通体系。

1.认识和尊重城市发展规律

认识和尊重城市发展规律，需将资源环境承载力作为城市发展的基本依据和刚性约束，匹配人口规模和城市用地，并与资源环境承载力相适应。重视城市发展重点的三个转换：由传统的量的积累与速度提升转变为质的飞跃，注重框定总量、盘活存量、提高质量；由注重工业化转变为工业化和城镇化并重，审视经济、社会结构等生产关系的优化调整；由城市竞争转变为注重周边城市的合作共赢与优势互补。

正确认识城市的整体性、系统性和生长性，有助于科学制定和实施城市综合交通体系规划。整体性，即从全局性、生态性和前瞻性的视角，完善基础设施配套，确定恰当的城市发展定位。系统性，即强调城市建设是个有机系统，注重以人为本，重视居民感受和城市发展成效。生长性，即侧重城市发展中各要素协调并进，注重社会化建设，传承相对完整的历史脉络，积极反哺农村的现代化建设。

2.有序推进城市综合交通体系规划

开展城市综合交通体系规划，需要注重综合考虑城市的政治、经济、文化等功能，按照不同用地功能的比例、功能在城市不同区域布局及不同用地之间的关联性，统筹安排调整土地利用，实现用地功能布局的优化。

为促进城市综合交通体系规划符合城市所在地和不同分区的发展特征与阶段，城市综合交通体系规划应涵盖：调查、评估与现状分析，城市交通发展战略与政策制定，对外交通系统规划，确定城市交通系统组织原则，提出交通枢纽、公共交通系统、步行与非机动车交通及道路系统、停车系统的建设需求，制定近期建设策略等。

（三）推动城市交通基础设施互联互通

增强城市公共基础设施建设的前瞻性、科学性，提升城市道路网的通达性，提高城市交通基础设施互通互联水平，让居民出行更方便快捷。

1. 推进城市公共交通体系建设

公共交通承载量大，布局紧密，是城市交通的骨干网络，推动公共交通设施体系建设，有助于更好地保障居民日常出行。

第一，建强公共交通设施体系。一方面完善基础设施建设。科学调度车辆投放，促进新能源公交车辆运行与升级。加强公交首末站、枢纽站、停靠站、智能站牌、新能源充电桩、智能车载系统等硬件设施建设。另一方面优化公交线网。优化公交传统线网结构，打造快速公交（BRT）和无轨电车网络，构建以快速公交、主干线高密度公交为主，以次线、支线、微循环线为辅的公交线网结构体系。完善城市客运网络，支持相邻城市开通城际公交，加快推动近郊线路公交化。

第二，促进公共交通不同出行方式融合发展。进一步强化TOD（Transit Oriented Development）理念，推动轨道交通与常规公交、自行车等交通出行方式的衔接与一体化开发。

第三，完善慢行交通系统。完善非机动车交通系统，基于骑行者优先理念进行环境治理和街区设计，打造安全、舒适、连续的骑行环境；统筹管理公共自行车和共享单车；提供高品质步行系统，设置独立绿道，建好步行系统；打造安全、连续、舒适的步行通道设施，加强出行"最后一公里"的绿色交通衔接。

< 拓展阅读 >

哥本哈根的自行车"高速路"

北欧最大城市、丹麦首都哥本哈根，市政当局致力于不断改进和完善交通系统的基础设施，特意为骑车族在市内建造宽阔漂亮的自行车"高速路"。车道经过特别设计，尽可能减少中途的停靠，使用单独设立的交通信号系统，使骑车族享受"一路绿灯"，并且中途设有自行车充气站、修理站和停泊站，可以使骑车人更快、更安全地抵达目的地。建成的自行车"高速路"可以让哥本哈根市每年减少7000吨二氧化碳排放，越来越多的哥本哈根市民把自行车作为出行的首选交通工具。

2.提升城市道路网通达性

确定合理的城市道路网等级结构。坚持规划引领，根据城市规模、区位定位、空间布局和产业发展，促进形成快速路、主干路、次干路、支路不同等级的划分合理、布局均衡的路网体系，与城市发展需求匹配。

第一，打通道路微循环。实施"断头路"畅通工程和"瓶颈路"拓宽工程。全面摸排各类"断头路"和"瓶颈路"，加快打通"断头路"，改造扩容"瓶颈路"，促进取缔跨行政区道路非法设置限高、限宽等路障设施，优化道路微循环系统。

第二，加强无障碍设施建设。对新建或改扩建的客运站、轨道交通车站等实现无障碍设施全覆盖；鼓励新增公交车辆优先选择低地板公交车，500万人口以上城市新增公交车辆全部实现低地板化。

（四）加快城市停车设施与配套设施建设

1.合理规划建设城市停车设施

配置合理的停车设施，有助于提高空间利用效率，促进土地节约集约利用。

加快城市公共停车场建设。鼓励社会资本参与，以居住区域、大型综合交通枢纽、轨道交通外围站点、医院、旅游景点等为重点地区，增建公共停车场。

分层规划停车设施。利用地上空间建设停车楼、机械式立体停车库等集约化停车设施，充分结合地下空间在城市道路、广场、公园绿地、公交场站等公共设施地下布局公共停车场。

加强停车位共享。推进部门间合作，建立汽车停车数据客户端实现数据共享，将城市行政区内配建的停车场、停车实时信息接入统一的平台，为无处停车的用户和停车位闲置客户提供查找空闲停车位、引导停车和结算服务。

2.加强新能源与公交站点设施建设

注重加强充电桩、充电站、加氢站、加气站等配套基础设施建设，并完善公交站点的指示牌、候车亭和首末站的停车、配电、排水、消防、通信等设施布局。

（五）推进城市交通基础设施智能化建设

通过智能化手段建立集约化的综合交通网络。面向不同的交通运输方式，实现信息采集、传输、存储、处理和共享全链条的智能化。同时，构建统一的交通综合运输管理与服务平台，把相互独立的不同运输方式整合建立全方位的交通分析系统。

推进交通工程的智能建设和管理。围绕铁路、公路、港口、机场等工程，积极推进智能建造，并实施基础设施资产数字化动态管理。

<拓展阅读>

交通繁忙而不紊乱的东京都市圈

全世界最密集的轨道交通网托起了东京都市圈。东京都的轨道交通除地铁外，主要由地面线或高架线组成的市郊铁路、市区横贯铁路以及环状铁路组成。这些铁路在早高峰以2—3分钟的间隔发出8—15节车厢编组的列车。一条路线的单向客运能力为5—10万人/小时，而这样的线路有30余条，并且严格以秒运行。轨道交通是绝大多数人每天出行的交通工具。

东京在1958年、1968年、1976年和1986年分别进行了四次大都市圈综合交通规划，强化了大都市周边城市和卫星城市的规模和职能，使都市圈由原来的单中心向多核心、职能分工发展模式转变，形成了"多心多核"的新型城市圈结构，达到缓解因城市中心功能过度集中而引发的城市问题。相应地，东京都市圈通过优先建设环状线路，交通体系也由集中、放射的路网布局向分散、环状的格局发展，疏导过境交通、绕行交通，充分改善了中心区的交通拥挤状况。

三、形成广覆盖的农村交通基础设施网

"让农民兄弟走上油路和水泥路"，这是交通行业对广大农民的庄严承诺。截至2020年底，我国农村公路总里程达438.23万公里。改善民生只有进行时，没有完成时。农村公路的建设任务、通客车问题依然艰巨；"油返砂""畅返不畅"问

题依旧存在；农村客车开得通，留不住。下一步，需全面推进"四好农村路"建设，转变规模粗放型发展模式，推动农村公路提档升级，提升农村路网通达深度和覆盖范围，加强城乡公路互联互通，促进城乡融合发展，提高农村公路基本公共服务均等化水平。

（一）全面推进"四好农村路"建设

以推动"四好农村路"高质量发展为主题，以深化供给侧结构性改革为主线，以实施补短板、促发展、助增收、提服务、强管养、重示范、夯基础、保安全"八大工程"为重点，聚焦核心问题，加快推动农村公路从规模速度型向质量效益型转变。到2025年，农村交通条件和出行环境要得到根本改善。到2035年，城乡公路交通服务均等化要基本实现。到2050年，农村交通要更加安全便捷、智能高效、绿色低碳。

加快实施通村组硬化路建设。尽快补齐农村交通供给短板，重点解决通硬化路、通客车等问题。加大农村公路"油返砂"和"畅返不畅"整治力度。加大通客车不达标路段的建设改造力度，因地制宜推动农村公路加宽改造，完善安全保障设施。加快推进撤并建制村、抵边自然村、云南"直过民族"和沿边地区20户以上自然村通硬化路建设。

建立规范化可持续管护机制。在资金方面，加快形成权责清晰、齐抓共管、高效运转的管理机制和以各级公共财政投入为主、多渠道筹措为辅的资金保障机制。在养护方面，建立专群结合养护运行机制，分类推进农村公路养护工程市场化改革。创新养护运行机制，鼓励将农村公路建设和一定时期的养护捆绑招标施工方；鼓励将干线公路建设养护与农村公路捆绑实施。

(二)引领乡村资源开发与产业发展

促进交通建设与农村地区资源开发、产业发展有机融合，重点是推动农村公路提档升级，加强资源丰富地区和特色农产品优势区的交通建设。积极引导城镇布局与资源开发、产业发展有机融合，持续增强现代农业、特色农业优势，进一步提高农村公路通达深度和通畅水平。

<拓展阅读>

恩施州"交通＋产业"脱贫发展模式

很多年前，比利时的传教士来到恩施州建始县花坪镇，带来了品质优良的葡萄品种与当地的葡萄结合，产生了关口葡萄的新品种。虽然这葡萄醇香浓烈、风味独特，但在深山运不出去，当地少量人口消费不能形成产业。之后，恩施州建始县修了200多公里的产业路。于是5000多人参与种植的葡萄产业，2018年的产值达到3亿元，人均毛收入6万元。去掉成本，人均收入有4—5万元。可以说"交通＋产业"的发展模式，推动实现了花坪镇老百姓脱贫致富。

加强特色农产品优势区与旅游资源丰富区交通建设。推进"交通＋旅游休闲""交通＋特色农产品"发展规划有效衔接，优先改善自然人文、少数民族特色村和风情小镇等旅游景点交通设施，结合村庄调整布局，分类推进自然村组通公路建设，更多地向进村入户倾斜。鼓励将农村公路与产业、园区和乡村旅游等经营性项目进行一体化开发。鼓励农村公路增设服务设施，拓展路域旅游服务功能。

积极推进"交通＋电商快递"开发工程。进一步整合交通、邮政、供销、电商等资源，推进农村物流配送体系建设，畅通农产品销售、生产资料和生活消费品下乡等农村物流服务体系。

（三）以交通便利巩固脱贫成效

大力推进革命老区、民族地区、边疆地区、垦区林区交通发展，提升刚脱贫地区农村运输服务水平。推动红色旅游公路建设，支持全国红色旅游经典景区景点通公路，推进"重走长征路"红色旅游景区景点连通。面向民族地区、边疆地区、刚脱贫地区，重点实施县城老旧客运站改造和乡镇运输服务站建设，加大具有农村客运、物流、邮政、供销等功能的乡镇运输服务站建设力度，创新农村客运和物流发展模式，推动完善农村物流配送体系，扩大农村运输覆盖范围。推进国有林区经济节点连通公路建设，增强国有林区自我发展能力。

促进交通脱贫攻坚与乡村振兴衔接是破解刚脱贫地区经济社会发展瓶颈的关键。要充分调动农民群众的积极性，让群众成为农村公路发展的参与者、监督者和受益者。村道管理养护工作采取一事一议、以工代赈的方式开展，可以采取设置公益性岗位等形式，尽可能地吸引农民群众参与。

（四）推动开发性铁路、通用机场、农村邮政等基础设施建设

强化资源丰富和人口密集贫困地区开展开发性铁路的建设。

加快建设革命老区、脱贫地区铁路连通线，以铁路畅通促进人员、物资流动及旅游业开发。在资源富集区建设疏港型、园区型支线铁路，构建多式联运的现代化铁路集疏运系统，统筹规划铁路物流基地，完善现代化仓储，健全末端配送服务设施，提高物流作业效率。

在有条件的地区推进具备旅游、农业作业和应急救援等功能的通用机场建设。鼓励非枢纽机场增加通用航空设施，在距离民用运输机场100公里以上的偏远地区、地面交通不便地区设置通用机场，为人民群众提供"飞得到、坐得起、用得上"的交通出行服务；在城市群的主要城市选择综合性医院布局通用机场，逐步在大城市群构建30分钟通用航空医疗救助网络；鼓励政策性、开发性金融机构对通用机场建设提供多样化的金融服务，拓展融资渠道，降低融资成本。

加强农村邮政基础设施建设。推动农村重要经济和产业节点对外快速通道建设，强化对外物流运输能力，加快构建农村物流基础设施骨干网络。加快完善县、乡、村三级农村物流基础设施末端网络，打通农村物流"最后一公里"。鼓励交通运输、商贸、供销、邮政等服务设施的综合使用，推广"多站合一、资源共享"的乡村综合服务站模式。

四、构筑多层级、一体化的综合交通枢纽体系

多层级、一体化的综合交通枢纽体系具备完善的枢纽节点功能，能够提供一体高效的运输服务，有助于统筹推进交通综合运输通道建设，不断提高运输效率。

（一）构筑多层级的综合交通枢纽体系

以支撑国家战略实施、适应未来客货运输需求为目标，以集约节约利用资源为原则，打造具有世界竞争力的国际海港枢纽、国际航空枢纽和国际邮政快递核心枢纽。同时，推进全国性、区域性综合交通枢纽建设，统筹区域城市布局，打造分工协作、功能互补的铁路枢纽、机场群和港口群。

1.国际性综合交通枢纽

第一，打造国际性综合交通枢纽集群。形成以北京、天津为中心，联动石家庄、雄安等城市的京津冀枢纽集群，以上海、杭州、南京为中心，联动合肥、宁波等城市的长三角枢纽集群，以广州、深圳、香港为核心，联动珠海、澳门等城市的粤港澳大港区枢纽集群，和以成都、重庆为中心的成渝地区双城经济圈枢纽集群。

第二，打造国际性综合交通枢纽城市。建设北京、天津、上海、南京、杭州、广州、深圳、成都、重庆、沈阳、大连、哈尔滨、青岛、厦门、郑州、武汉、海口、昆明、西安、乌鲁木齐等20个国际性综合交通枢纽城市。

第三，打造国际性综合交通枢纽港站。一是建设国际性铁路枢纽和场站。在北京、上海、广州、重庆、成都、西安、郑州、武汉、长沙、乌鲁木齐、义乌、苏州、哈尔滨等城市以及满洲里、绥芬河、二连浩特、阿拉山口、霍尔果斯等口岸建设具有较强国际运输服务功能的铁路枢纽场站。

二是建设国际枢纽海港。充分发挥上海港、大连港、天津港、青岛港、连云港港、宁波舟山港、厦门港、深圳港、广州港、北部湾港、洋浦港等国际枢纽海港作用，巩固提升上海国

* 北京大兴国际机场（《中国交通报》）

际航运中心地位，加快打造辐射全球的航运枢纽，推进天津北方、厦门东南、大连东北亚等国际航运中心建设。

三是建设国际航空（货运）枢纽。巩固北京、上海、广州、成都、昆明、深圳、重庆、西安、乌鲁木齐、哈尔滨等国际航空枢纽地位，加快推进郑州、天津、合肥、鄂州等国际航空货运枢纽建设。

四是建设国际邮政快递处理中心。在国际邮政快递枢纽城市和口岸城市，依托国际航空枢纽、国际铁路枢纽、国际枢纽海港和公路口岸等建设40个左右国际邮政快递处理中心。

2.全国性综合交通枢纽

加快80个全国性综合交通枢纽城市建设。注重优化中转设施和集疏运体系网络，促进各类运输方式协同高效发展，扩大辐射范围，做好多机场、多铁路车站布局的预留。

3.区域性综合交通枢纽及口岸枢纽

推进沿边重要口岸枢纽建设。面向区域性综合交通枢纽，提升周边地区的辐射带动能力，加强综合运输大通道和全国性综合交通枢纽的支撑，采取单机场、多铁路车站的发展模式。

（二）推进综合交通枢纽规划建设的一体化

科学规划建设一体化综合枢纽，完善枢纽站场的换乘换装设施和集疏运系统，推进枢纽内多种运输方式一体化规划、建设和协同管理，加强各种运输方式之间、对外交通与城市交通之间的高效衔接。

针对客运枢纽，按照零距离换乘要求，进行一体化规划建设，推动中转换乘信息互联共享和交通导向标识的连续、一致、明晰，积极引导立体换乘，鼓励同台换乘。并完善运输服务组织，打破民航与其他交通方式之间的信息和服务边界，实现航空与城市轨道、高铁等交通方式的无缝隙、零换乘，实现综合运输服务一体化发展。

针对货运枢纽，按照无缝衔接要求，优化货运枢纽布局，与国家综合立体交通网顺畅衔接，推进多式联运型和干支衔接型货运枢纽（物流园区）建设。同时，加快推进港口、铁路、公路和货运站场、运输装备、装卸设施等多式联运设施设备建设，推进铁路装卸线向港口码头延伸。

（三）大力发展枢纽经济

枢纽经济是现代产业的重要组成部分。美国联邦快递货物分拣中心落户后，孟菲斯成为美国重要的运输业中心，创造了"得枢纽者得天下"的传奇。发展枢纽经济其实根本上是以交通枢纽建设为切入点，以完善的现代综合交通运输体系为依托，以高效优质的枢纽经济服务平台建设为推手，提升产业集聚辐射能级，优化城镇空间格局。

第一，促进枢纽经济发展的顶层设计。国家层面规划制定枢纽经济发展指导意见，地方层面研究编制城市枢纽经济发展规划。在国际性、全国性和区域性综合交通枢纽城市中选择代表性城市，开展试点示范，总结经验并适时做好推广工作。

第二，统筹枢纽经济与城市总体规划。同一城市可能存在多个枢纽功能型城市区，需强化城市发展的整体性和协调性。同时，注重完善教育、娱乐、创新等不同的城市功能，打造绿色、智慧、宜居的发展环境。

第三，制定差异化政策推动城市错位发展。不同城市应结合自身发展实际，因城施策，研究制定切合城市发展实际的差异化政策，充分发挥自身比较优势，加强与相邻城市的联动互补。

第四，处理好市场和政府的关系。促进市场在资源配置中发挥决定性作用，由市场主体搭建枢纽经济服务平台，适应市场规律加速交通枢纽偏好型产业集聚；充分发挥好政府"有形"之手的作用，实施政府管理、招商引资、重大项目投融资模式创新，宏观把控交通、产业和城市的关系。

第五，发挥国家物流枢纽优势，打造枢纽经济。引导统筹城市空间布局和产业发展，以国家物流枢纽带动农业、制造、商贸等产业集聚发展，打造形成各种要素大聚集、大流通、大交易的枢纽经济。

＜拓展阅读＞
旧金山跨海湾综合交通枢纽建设
旧金山跨海湾交通枢纽区域位于旧金山市中心，金融区的南面，海湾大桥的西北侧。其交通枢纽核心区位于区域的西北侧，是服务旧金山湾区的区域运输系统的新枢纽。

跨海湾交通枢纽区域的空间规划布局包括综合交通枢纽、居住、商业、公园等设施。交通枢纽规划布局为地面以上3层、地下2层总共5层综合开发建筑，从上往下分别布置为地上公园层、地上公交层、中央大厅层、零售大厅层、地下轨道层。并注重枢纽的综合开发，形成以公共交通为导向的TOD开发模式，充分利用枢纽空间，集约开发跨海湾枢纽综合体，综合布局设置了零售、办公、商业体、公园、住宅、停车场等设施。

跨海湾交通枢纽连接了加利福尼亚和湾区8个县，利用11个交通系统完成枢纽对外集疏运。引入多种运输方式形成对外通道：一是延长市区铁路和引入加州高速铁路；二是修建公交匝道，引入地面公交。此外，除了公交车和火车可以在交通枢纽停留以外，还在交通枢纽周边设置有公共交通停车场、出租车上下客区、自行车停车区，方便车辆停靠。行人可以通过城市公园、地面枢纽大厅以及周边的人行通道到达地面公共交通车站和地下铁路车站，实现不同交通方式之间的"零换乘"。

第 3 章

装备为要

——实现先进适用完备可控交通装备

新中国成立以来，几代人逢山开路、遇水架桥，建成了交通大国，正在加快建设交通强国。我们坚持交通先行，建成了全球最大的高速铁路网、高速公路网、世界级港口群，航空航海通达全球，综合交通网突破600万公里。我们坚持创新引领，高铁、大飞机等装备制造实现重大突破，新能源汽车占全球总量一半以上，港珠澳大桥、北京大兴国际机场等超大型交通工程建成投运，交通成为中国现代化的开路先锋。

　　——国家主席习近平在第二届联合国全球可持续交通大会开幕式上的主旨讲话（2021年10月14日）

第 ③ 章　→ 装备为要——实现先进适用完备可控交通装备

随着科技发展，许多重大工程建设取得突破性进展，大国重器不断问世，中国逐渐从制造大国向制造强国迈进，而装备制造业是最重要、最核心的部分。从"复兴号"高铁首发到国产大飞机首飞，从摘取造船业"皇冠上的明珠"到国产航空母舰下水，承载着众多国人的梦想，凝聚着强大的中国智慧，也彰显了中国制造不断增强的实力。随着我国经济、技术快速发展和交通运输面临的新形势，对交通装备系统技术发展提出了"高效能、高安全、网联化、智能化"的需求，强化交通运输与人工智能、新材料和新能源等深度融合，实现交通装备"先进适用、完备可控"，提升我国交通装备制造业的核心技术竞争力和可持续发展能力，推动交通装备及其系统由大到强，引领我国由"交通大国"向"交通强国"迈进。

一、加强新型载运工具研发

目前，我国在载运工具研发和应用上快速发展，电动汽车、新能源汽车、大型客机的关键核心技术竞争力持续提升，能够建造大型客滚船和超大型集装箱船（VLCS）等在内的各种高附加值船舶，在造船完工、新接订单、手持订单数量上持续领先。未来，实现重载、高速货运列车，智能网联汽车，大型、智能、新能源船舶，大型民用飞机，以及通用航空器等新型载运工具自主研发，是交通运输关注的重点方向。

| 知识链接 |

载运工具

载运工具，又叫运输工具、运输装备，是用来改变运输对象空间位置的装备。按照运输方式划分，主要包括轨道载运工具、道路载运工具、水上载运工具、航空载运工具、其他载运工具等。

（一）轨道载运工具研发

随着高速列车技术的成熟，我国轨道载运工具如高速列车、重载列车等装备水平跃居世界前列，轨道交通装备产业规模和产销量均居世界第一。重载列车领域，我国掌握了既有线开行27吨轴重货物列车技术，成功试验开行3万吨级重载列车，在装备设计制造及运行维护等方面形成了完整的技术标准体系，达到世界先进水平。既有线提速领域，既有铁路货车完成了120公里/时提速改造，时速120公里货运列车投入运行，既有线提速技术达到世界先进水平，时速250公里的货运列车也启动研发。货运装备实现了重载、提速的同步发展。

| 知识链接 |

既有线

既有线：在公路、铁路、管道等运输行业中经常提到，是指已建造好的线路要进行新建或改造时，称原有线路为既有线。

1.3万吨级重载列车

重载列车顾名思义是一种载重力较大的货物列车，一般在货运量到达及发出比较集中的运输线路上采用。目前我国已对在既有设备和条件下开行3万吨组合列车进行了探索性试验研究，系统测试其综合性能，监测列车试验条件下的安全性，评估列车运行能力。

* 万吨专列京津冀开跑（《中国交通报》，袁晔摄）

2.时速250公里级高速轮轨货运列车

时速250公里级高速轮轨货运列车是指时速达到250公里的轮轨制货运列车。目前，我国已启动研制250公里级货运动车组，发布了250公里货运动车组平台，通过适应性改进，填补我国在高速轮轨货运列车领域的技术空白，更快形成快捷货运铁路网络，为建立综合运输一体化提供便利。

（二）道路载运工具研发

当前，新信息通信技术与汽车产业融合速度加快，产业进行转型升级进程，进入由大变强的机遇时期。同时，随着计算机技术、人工智能技术的飞速发展，传统汽车正在逐步实现车与外部智能信息交换共享。

1. 智能网联汽车研发

智能网联汽车搭载先进的车辆传感系统、控制系统、执行系统，融合通信技术，实现感知环境、智能决策、协同控制和执行命令等功能，安全、舒适、节能、高效，最终可替代驾驶员来操作。智能网联汽车目前研究的主体不仅仅是传统汽车，也包含智能汽车、自动驾驶、车路协同等研究内容。

2. 形成智能网联汽车产业链

智能网联汽车产业链主要涵盖了上游关键控制系统，以及中游的系统集成和下游的功能性服务。其中上游包括了感知系统、控制器、执行控制等重要系统；中游包含了智慧驾驶舱、自动驾驶解决方案，以及智能网联汽车等集成系统；下游包含

* 比亚迪全球开发者大会上曾展出的智能网联汽车（《中国交通报》，郝然摄）

第 ③ 章　→ 装备为要——实现先进适用完备可控交通装备

了出行服务、运输服务等应用服务。

当前及今后一段时间，我国将基本建成自主可控完整的智能网联汽车产业链，并基本具备与之兼容的智慧城市与智能交通技术体系，初步实现大规模定制化生产，汽车产业开始升级进入智能时代。

（三）水上载运工具研发

我国已经成为船舶制造大国，但与世界先进水平相比，仍然存在差距，船舶工业自主创新能力依旧不足。未来，我国水上载运工具研发重点为建成数字化、网络化、智能化、绿色化设计制造体系，早日成为引领全球船舶技术发展和制造的船舶产业强国。

1.大中型邮轮

邮轮建造技术代表了一个国家造船业的技术水平，目前我

* "中华复兴"轮（《中国交通报》，于超群摄）

国在豪华邮轮建造领域缺乏相关技术和经验。"中华复兴"轮是我国自主设计、自行建造、具有完全自主知识产权的新型客滚船，填补了我国建造、在亚洲运营的邮轮型豪华客滚船的空白。航空母舰、大型液化天然气船以及大型邮轮，向来被称为"造船工业皇冠上的三颗明珠"。大型邮轮的建造，表明我国已经具备了摘取"造船业皇冠上最后一颗明珠"的技术水平。

2.大型液化天然气船

液化天然气运输船也称LNG运输船，属于大型船只且专门运输液化天然气，特点是运输时在常压下极低温（-165℃）冷冻的方法使天然气液化。为了减低城市碳排放，提高环境质量，

* 载有6.5万立方米液化天然气的专用运输船"波托维内"轮在深圳港引航站的引领下，顺利靠泊深圳华安LNG码头泊位（《中国交通报》，林怡武摄）

在建材、冶金、医药、轻工等行业中，天然气作为清洁能源将逐渐成为现代化城市的首选燃料，天然气的运输也将越来越受到重视。

3. 极地航行船舶

极地蕴藏着很多潜在资源，世界各国在未来发展中必将在此争夺战略空间，许多国家认识到，要把极地航行船舶的建设制造作为赢得未来发展主动权的重要战略。

由我国建造的3600TEU冰级集装箱船"VISTULA MAERSK"号于2018年交付使用，适航于冰区，综合性能优越，主要服务于波罗的海及俄罗斯海域。

4. 智能船舶

智能船舶可利用传感器，融合通信技术、自动控制技术和大数据处理分析技术，自动感知和获得船舶自身、周围海洋环境、物流、港口等信息数据，在航行、维护保养、货物运输等方面实现智能化控制及航行，具有安全环保、经济可靠的特点。

我国自主建造的13500TEU智能集装箱船"中远海运荷花"号是首艘通过中国船级社整船网络安全评估的船舶，在智能船舶发展历程中具有重要意义。"中远海运荷花"号通过搭建汇集各类功能系统的集成平台，实现智慧机舱、智慧能效、智慧航行等功能，航运安全性高，能耗降低，运营效率提升。

5. 新能源船舶

船舶领域的节能减排能力逐渐受到国际社会的高度重视，风能、太阳能等为典型代表的新能源在航运业的应用和推广将更符合高效、绿色的能源利用原则，目前推进比较快的是双燃料船。

2019年，由我国建造的全球首艘85000立方米超大型乙烷乙烯运输船（VLEC）"JS Ineos Marlin"号交付，该船在甲板上布置有两个燃料罐和燃料气体系统，在营运航行中可以以乙烷作主机燃料，主机的运行又可以给全船供应电力，具有较高的经济性。迄今为止，"JS Ineos Marlin"号是中国首例、在世界范围内也屈指可数的新能源船舶。

（四）航空载运工具研发

民用航空载运工具指用于完成客运、货运、农业、林业、渔业、气象、空中测量摄影等任务的航空器，主要包括飞机、直升机、无人驾驶飞机等。

1.完善民用飞机产品谱系

在民用飞机发展领域，我国民航业已确定了"两干两支"构成的完整民用飞机产品谱系。两条干线是指两条干线客机C919和CR929，两条支线客机是指ARJ21和MA700。

* C919大型客机105架机完成首次试飞（《中国交通报》，王鲁杰摄）

2. 民用航空载运工具研发

民用航空载运工具研发主要领域包括大型民用飞机、重型直升机、通用航空器等方面。

民用飞机领域，单通道干线民用飞机——C919，是中国首款按照最新国际适航标准，具有自主知识产权的干线民用飞机。飞机采用单通道客舱布局，座级最大168座，航程最远5555公里。双通道干线民用飞机——CR929，采用双通道客舱布局，其中CR929-600的航程为12000公里，280座级。从项目启动到实现产品交付预计需要10年左右时间。

重型直升机是指机舱内载和舱外外挂重量均可达20吨左右的直升机，飞行速度快，运载能力大，具有突出的高温高原运载能力，可完成输油输电管线的架设、大型设备吊运安装、森林救火、医疗急救和疏散难民等任务，因此普遍受到世界各国的重视，发展非常迅速。我国已经研制成功13吨级多用途重型直升机——AC313直升机，该机型最大起飞重量为13.8吨，

* AC313民用直升机在云南丽江白沙机场展开地震救援实战演练（《中国交通报》）

能够装载4吨的内部载荷或5吨的外挂载荷，最大航程为900公里。目前中俄正在联合研制的AHL直升机最大起飞重量为38吨，载重能力达到13.6吨，航程达630公里。该型直升机正处于研制阶段，计划将于2025年前完成研制。

通用航空器从事公共航空运输以外的民用航空活动，涉及工业、农业、林业、建筑业、渔业的作业飞行以及医疗卫生、抢险救灾、气象探测等领域的飞行活动。民用无人机是目前交通领域应用较多的通用航空器之一，主要分为民用物流无人机和民用观测无人机等类型，在各个领域发挥了重要的作用。

二、加强特种装备研发

加强特种装备的研发、应用及推广是实现交通高质量安全发展，实现交通强国的重要途径。推进交通基础设备建设中用于隧道工程、整跨吊运安装等工程机械装备的研发，以及在水域作业中使用的水下机器人、深潜水装备、大型溢油回收船、大型深远海多功能救助船等新型装备的研发，是未来特种装备的主要发展方向。

（一）工程机械装备研发

随着经济飞速发展及交通建设规模的持续扩大，工程特种机械装备在交通运输基础设施建设中需求越来越大，如隧道工程施工、桥梁整跨吊运安装等领域。

1.隧道工程机械装备

目前，我国复杂地质条件下的长大隧道建设数量越来越多，修建难度越来越高。隧道掘进机作为一种集机、电、液、光、计算机技术于一体的智能化隧道施工装备发挥着重要作用。

| 知识链接 |

隧道掘进机

隧道掘进机是一种大型先进的隧道施工机械,可同时完成破碎围岩土体、掘进及支护连续作业,形成隧道断面。在我国,习惯上将用于软土地层的隧道掘进机称为盾构,将用于岩石地层的隧道掘进机称为TBM(Tunnel Boring Machine)。

盾构、TBM是适用于现代隧道及地下工程建设的重要施工方法,正在向信息化、数字化及智能化方向发展。国产首台最大直径盾构机"京华号"整机长150米,总重量为4300吨,最大开挖直径达16.07米,于2020年9月27日在长沙下线,集机械、电气、液压、信息、传感、光学等尖端技术于一体,既安全又高效。

大直径全断面岩石隧道掘进机,不受外界气候影响,自动化程度高、安全经济快捷、一次成型,是岩石隧道掘进非常有发展潜力的施工机械设备。

中国盾构技术将朝着性能优化、数字化、模块化、智能化等方向发展,要求盾构具有更强的适应性、更长的使用寿命、更高级的功能、更简单的操作、更加安全且环保。

2.整跨吊运安装设备

桥梁在我国铁路、公路等基础设施建设中所占比例较大,整跨吊运安装设备承载着桥梁建设中所有构件的吊运安装工作,是必不可少的施工设备。整跨吊运安装设备包括提梁机、架桥机等。

提梁机是一种专用于桥梁建设的大型门式起重机，由主梁、支腿、天车等组成，具有安装拆卸方便、容易移动、实用性强等特点，更加适合应用于道路桥梁建设中。

架桥机是一种特殊专用的起重机产品，在公路、铁路轨道上行驶，用于整跨架设各种跨度梁的桥梁施工机械。但是它与

* 公路架桥机（《中国交通报》，吴丹、蒋林珂摄）

* 铁路架桥机（《中国交通报》，陈强摄）

常见的起重机有很大的区别，对其稳定性、工作强度等都提出了较高的要求。

我国高速铁路发展迅猛，架桥机在高速铁路建设中的使用效率更高，推进起重量大、跨径长的整跨吊运安装设备的研发，是今后吊运安装设备发展的重点方向。

（二）海洋应急救援新型装备研发

海洋应急救援装备是针对海洋运输、海上作业时可能遇到的灾难事故而研制的应急救援设备和工具，为海上资源安全开发和事故应急救援提供技术储备和装备支持，推动海洋作业安全技术的科技创新，提升国家海洋资源开发能力，为海洋资源安全开发提供技术支撑和安全保障。

1. 水下机器人（ROV）

水下机器人也称无人遥控潜水器，是机器人的一种，可工作于水下的极限环境中。由于水下深度大，充满危险和不确定的因

* 上海打捞局6000米ROV海试试验深度达到5760米（《中国交通报》）

素，所以水下机器人研发已成为开发海洋的重要途径，其主要应用领域集中在管道检测、安全搜救、河道检测、沉船考察等方面。

2.深潜水装备

救捞工程的重要装备是深潜水装备，可完成各种水下作业。中国首艘300米饱和潜水母船"深潜号"最大工作深度可达水下300米，集生活舱、过渡舱、逃生舱、潜水钟、生命保障系统于一体，是目前中国工作深度最深，容纳潜水员人数最多，设计理念和配置最为先进的一套饱和潜水系统，在世界上属于先进水平。

* 我国首艘300米饱和潜水作业母船"深潜号"（《中国交通报》）

3.大型溢油回收船

溢油回收船可实现最短时间内迅速赶到溢油污染事故现场，有效控制和快速处置溢油污染事故，进行水上溢油应急指挥、围控、回收和储存等作业，具有非常好的操作性能和高效的污染物回收率。

"海特071""海特111""海特191"是我国海事系统的中型溢油应急回收船,也是目前国内最先进的溢油应急回收船,主要进行我国沿海海域和北方海区的海上溢油事故的应急处置,包括溢油回收、临时储存、处理污染等作业功能。

4.大型深远海多功能救助船

救助打捞装备技术水平不仅体现了一个国家海洋经济建设水平,更是国家重要的战略支撑。"南海救102"轮是我国第一艘具备深远海搜寻能力的专业救助船,同时具备空中、水面、水下综合搜寻能力,是救捞系统部署在中国南海海区最先进的专业救助船。

| 知识链接 |

救助船

救助船舶是专用于对发生碰撞、触礁、搁浅及火灾等海

* "南海救102"轮(《中国交通报》)

难事故的船只进行施救和打捞作业的工作船舶，具有较高航速，能在恶劣海况下赶赴现场并实施作业。救助船舶功能从人命救生、船舶拖带、消防灭火，到搭载救助直升机、破冰装置、溢油回收设备等方面不断拓展。

三、推进装备技术升级

随着现代技术的应用，我国交通运输装备技术水平不断提高，但与国际先进水平相比还有差距。总体而言，我国装备制造业与交通运输强国最主要的差距是缺乏掌握运输装备核心技术。下一步需要推广新型能源、清洁能源、智能化、数字化、轻量化、环保型交通装备及成套技术装备，推动轨道交通、汽车道路、航空、船舶等交通运输装备技术向更节能、更环保、更安全、更智能的方向升级。

（一）推广新型交通装备及成套技术装备

信息技术与交通运输领域的深度应用与融合正在推动交通运输发展模式发生重大变革，北斗卫星定位导航系统、5G通信、移动互联等具有重大产业变革前景的颠覆性技术不断应用于交通领域。

一是推广新能源、清洁能源、环保型交通装备及成套技术装备。加速调整能源结构、转变能源利用模式，加快可持续能源应用是交通发展的必然要求，交通能源动力系统呈现出高效化、清洁化趋势，积极发展纯电动、混合动力等动力系统的研发与推广应用。

二是推广智能化、数字化、轻量化交通装备及成套技术装备。在信息化和工业化深度融合的过程中，交通运输装备设计、制造、检测、检验、运营、维护等各个环节不断向智能化数字化发展。高性能的复合材料已在汽车、轨道机车车辆、大型客机轻型通用飞机、船舶等交通装备领域成功应用，轻量化效果显著。

（二）开发和应用智能交通装备设施和管理系统

一是广泛应用智能交通运输装备设施。随着信息、通信、传感技术的飞速发展，人工智能已经成为各行业技术发展的着眼点，在交通运输装备设施领域也不例外。大力发展高效能、高安全、网联化、智能化的系统技术与装备是提升我国交通运输装备核心竞争力和可持续发展能力的关键。实现综合运输智能化，广泛应用智能高铁、智能道路、智能航运、自动化码头等新型装备设施，是未来交通装备设施发展的重要目标。

＜拓展阅读＞

洋山港四期自动化码头

上海洋山港四期是全国首个，也是全球规模最大的全自动化集装箱码头。最令人自豪的是，洋山港四期是中国唯一拥有"中国芯"的自动化码头，该码头的"大脑"（智能生产管理控制系统）由国内企业自主研发，可高效地组织生产调度和自动化装卸设备作业，实现水平运输的无人化，并衔接上海港各大数据信息平台，提高港口物流效率。洋山港四期自动化码头的建成和投产，标志着我国港口行业在运营模式和技术应用上实现了里程碑式的跨越升级与重大变革，为上海港进一步巩固港口集装箱货物吞吐能力世界第一的地位、跻身世界航运中心前列提供了全新动力，也成为我国深化改革、扩大开放的重要窗口。

二是开发新一代智能交通管理系统。新一代信息技术有效地集成应用于交通管理系统，使其呈现智能化、网联化、协同化趋势。开发综合交通枢纽运行优化、货物多式联运智能化、旅客出行一体化、大数据实时感知处理等技术，提高数据和信息的辅助决策能力，提高综合交通运输效能，进一步提升综合交通运输服务品质。开发协同式无人驾驶与运行优化、移动互联环境下的遥控驾驶与智慧运行等技术，提升综合运输安全水平。

（三）加强国产飞机发动机技术水平及民用航空器适航审定体系建设

一是提高国产飞机发动机技术水平。飞机发动机是一种十分复杂的热力机械，需要在各种极端恶劣条件下长时间可靠地工作，满足可靠性高、安全性好、寿命长、噪声小、排污少等十分苛刻的要求。目前，我国国产飞机发动机技术相对落后，自主创新研发体系尚未真正建立，创新能力和技术储备不足，所必需的基础设施和保障条件不够，大型试验设施设备仍然十分缺乏。

二是民用航空器适航审定体系建设。民用航空器的适航审定体系建设需要结合我国现状，科学合理地建立和完善民用航空器适航管理体系，从法律法规、管理系统等方面提供民用航空器发展的有利条件，并通过实际训练提高民用航空器相关人员的管理和服务水平，进而提高民用航空器的适航审定体系建设水平。

| 知识链接 |

适 航

适航是"适航性"的简称，通俗来讲只有适航性达标，才允许飞行，否则禁止飞行。民航航空器的适航管理是政府适航部门在制定了各种最低安全标准的基础上，对民用航空器的设计、制造、使用和维修等环节进行科学统一的审定、监督和管理。

（四）推广应用交通装备的智能检测监测和运维技术

一是推广应用交通装备的智能检测监测技术。加强各类交通运输装备的检测和维修保养，保持良好的技术状况。围绕提高交通装备监测检测精度和效率，以远程、智能、自动化、快速、同步为目标，突破远程智能监测技术及装备、快速同步智能检测技术及装备，研发分布式全域传感智能监测感知与传感网络技术（移动无线传感技术、移动智能感知技术与网络等）、高精度与长寿命智能传感器、永久作用下非破损检测技术及装备、无损可视化检测技术及装备、多功能快速同步检测技术及机器人。

二是推广应用交通装备的智能运维技术。鉴于交通基础设施建养与安全保障的巨大需求以及信息化智能化的发展趋势，推广应用交通装备智能运维技术是建设节约型交通行业的必然选择。将智能技术应用于交通装备的运行维修方面，使监控数据及时得到采集、共享、诊断，实现交通装备的安全健康监控与预测。研发应用远程智能全自动养护装备、自动化维修与加固装备、快速更换与拆除装备；研发高精度、长寿命智能化传感器。运用BIM技术、人工智能等信息技术，开展具有自动化感知、智能健康管理、故障预警等交通装备运行维护功能技术研究。

（五）加速淘汰落后技术和高耗低效交通装备

大力推广应用节能环保型运输车船，发展汽车列车、新型顶推船队。深化燃油车退出市场机制模式研究、制订计划及其配套措施，实现燃油动力车逐步停售。加速更新老旧和高能耗、高排放、老旧工程机械及交通工具，加速淘汰高能耗、低效率的老旧车船，如中重型柴油货车、高耗低效非标准汽车列车及罐车等老旧柴油货车等。引导营运车船向标准化、低碳化、专业化方向发展，引导交通设备向轻型、高效、变频控制方向发展。

第 4 章

服务至上

——提供人民满意的交通运输服务

推动高质量发展，首先要完整、准确、全面贯彻新发展理念。新发展理念和高质量发展是内在统一的，高质量发展就是体现新发展理念的发展。要坚持系统观念，找准在服务和融入构建新发展格局中的定位，优化提升产业结构，加快推动数字产业化、产业数字化。

——习近平总书记在福建考察时强调（2021年3月25日）

第④章　服务至上——提供人民满意的交通运输服务

近20年来，我国通过"适度超前""跨越式"发展理念等促进交通运输快速发展，加速追赶世界发达国家，综合运输服务水平得到极大提升。运输服务是交通运输行业发展的根本目的和最终落脚点。站在新的历史起点上，运输服务业要紧抓机遇，聚焦交通强国战略目标，深入推进供给侧结构性改革，进一步增强运输服务高质量发展定力，认清新时代运输服务发展定位，厘清社会主要矛盾变化新特征，奋力谱写加快交通强国建设新篇章。

一、推进出行服务快速化、便捷化

走进新时代，交通运输在基础设施建设、交通装备质量、服务保障水平等方面取得巨大进步，为我国经济社会发展和人民群众不断增长的舒适便捷的交通需求提供了强有力支撑。党的十八大以来，以统筹融合为导向，着力完善铁路、公路、民航、城乡客运等领域，取得了跨越式发展。

（一）优化大容量、高效率区际快速客运服务，提升主要通道旅客运输能力

区际客运是指跨区域之间的客运。改革开放以来，我国逐渐形成以长三角、珠三角、京津冀、长株潭为代表的几大城市群。随着城市群间经济交流日趋密切，跨区域、大容量、高效率的客运服务需求不断增强。未来，要加快构筑以高铁、航空为主体的大容量、高效率区际快速客运服务，提升主要通道旅客运输能力。

拓展高速铁路服务网络，提升高铁服务品质。依托跨渤海通道，形成东北与华东地区的陆上直线联系运输服务，形成环渤海—长三角—珠三角的高速铁路快速客运服务，提升东部城市群之间的运输能力。加强中西部地区高铁网络规划及成渝高铁、郑万高铁等重点项目建设，进一步适应中西部城市群和区域经济发展需要。

在城市群之间利用高铁、航空、城际铁路等多种方式构建大容量快速客运系统。优化调整航班计划，着力提高航班正常率，进一步提升航空服务能力和品质。[1]加强主要城市群之间的航空服务网络建设，提高通达性和通畅性以及航空运输服务水平。

＜拓展阅读＞

京沪高铁引领京津冀、长三角两大城市群快速发展

京沪高铁连接京津冀和长三角两个经济区（城市群），这里经济发展活跃、旅客出行需求大。京沪高铁建成以后，京沪之间的城市距离被速度压缩，运行时间最少只需要4小时18分钟，较原来的京沪铁路运行时间减少了一半，实现了"千里京沪一日往返"的梦想。

近年来，京沪高铁的"高铁同城效应"优势凸显，"双城生活""候鸟群体"逐渐成为人们生活中的一道风景线。沿线的沧州、蚌埠、德州、常州等城市纷纷搭上经济发展的高速快车，区域经济社会发展迅速，民生得到明显改善。

---

1. 参阅中国民用航空局：《民航局关于印发新时代民航强国建设行动纲要的通知》（民航发〔2018〕120号），2018年11月26日。

* 整装待发的高铁列车（《中国交通报》）

（二）完善航空服务网络，提升航空服务能力和品质

我国已经形成较为完善的航空服务网络，截至2020年底，我国境内运输机场（不含香港、澳门和台湾地区，下同）共有241个，其中定期航班通航机场240个，定期航班通航城市（或地区）237个。不过，我国航空发展还不均衡，服务质量有待提高。未来，要大力发展支线航空，提高航空服务能力和品质。

大力发展支线航空。加大对支线航空政策支持力度，进一步明确支线航空和干线航空的发展定位及互补关系，鼓励支线、干线航空加强合作，深度融合支线、干线航空网络，加快构筑公共航空运输网络。

提高航空服务能力。完善航班正常工作机制，提升航班正常管理能力；引导民航企业充分利用大数据及互联网技术，将企业服务质量管理系统与航班正常监管系统有效衔接；在机票退改签、行李运输、餐饮服务等重点领域持续改进服务质量，增进旅客对民航服务的获得感。

（三）加快城际铁路、公交及旅客联程运输系统建设，提高城市群内通勤效率

我国城市群内各城市之间的通勤服务中，城际铁路、市郊铁路等轨道交通的分担率相对较少，城际公交服务水平不高，难以适应高效通勤要求。未来，应加快城际铁路、公交及旅客联程运输系统建设，提高城市群内通勤效率。

推进城市群内轨道交通发展。鼓励有条件的城市群推动干线铁路、城际铁路、市郊铁路、城市轨道等四网融合发展，形成以城际铁路为主的通勤模式[1]；探索城市群轨道交通运营管理一体化，推动中心城市、周边城市等轨道交通有效衔接，加快实现便捷换乘。

推行城际客运公交化运营。推进符合客流、距离条件的城市道路客运班线实行公交化改造运营，创新客运运行协调发展机制，进一步方便群众舒适便捷出行。

推动旅客联程运输服务发展。推动各种运输方式售票、取票、乘降等设施设备共享共建，鼓励客运枢纽设置便捷联运旅客换乘通道，减少重复安检。积极探索旅客联程运输电子客票，鼓励各种运输方式改进售票检票系统功能，方便旅客验票乘车。[2]完善客运枢纽联运服务功能，开展摆渡服务，实现无缝衔接。

---

1. 参阅国家发展改革委：《关于培育发展现代化都市圈的指导意见》（发改规划〔2019〕328号），2019年2月19日。
2. 参阅交通运输部、国家发展改革委、国家旅游局等：《关于加快推进旅客联程运输发展的指导意见》（交运发〔2017〕215号），2017年12月31日。

<拓展阅读>

北京西站实现铁路地铁双向安检互认

自2020年1月10日起,北京西站实现铁路、地铁双向安检互认,乘坐铁路到达北京西站的乘客,可由地下负二层综合换乘大厅免安检换乘地铁,缩短行进距离100米至280米,节省排队时间5至15分钟。地铁到达乘客可由新建设的4个进出站通道免检换乘火车,客流高峰期可缩短安检等候时间5至10分钟。

(四)加强城市交通拥堵综合治理,促进城市交通高质量发展

城市交通拥堵已成为我国城市发展面临的严峻问题,不仅影响了城市生活的效率和质量,还带来一系列社会问题。针对城市交通拥堵问题,需要多管齐下、综合施策才能有效缓解,促进城市交通高质量发展。

以公交枢纽站点为中心,沿公共交通走廊,合理确定城市新开发区域土地开发强度,引导建立以公共交通为主导的出行模式。优化公交线网和站点布局,强化各种出行方式衔接,构建干支线结合、社区微循环线补充的多样化公交服务体系。

加快建设公共交通数据资源中心及城市公共交通企业运营智能调度平台、乘客出行信息服务平台和城市公共交通行业监管平台[1],提升城市公交服务效率;运用税收减免、运营补贴、

1.参阅交通运输部:《交通运输部办公厅关于印发城市公共交通智能化应用示范工程建设指南的通知》(厅运字〔2014〕105号),2014年6月4日。

配套设施建设等手段,增加新能源公交车的应用比例。

建立健全差异化交通需求管理机制,优化公交线路布局,加快推进城市交通拥堵收费政策。引导群众选择"步行+公交""自行车+公交"的绿色交通出行方式,推进慢速交通系统构建。在城市中心城区逐步完善依据区域、时段、标准等要素的差异化停车收费方案。

＜拓展阅读＞

伦敦城市交通拥堵综合治理实践

伦敦市是世界范围内治理城市交通拥堵最为成功的城市之一。伦敦市政府实施"交通拥挤收费"政策,控制个体交通的需求。针对商业、娱乐和金融区的个体交通方式征收交通拥堵费,征费时段为星期一至星期五的早7点到晚6点,周末、法定节假日和特殊情况免征交通拥堵费。

(五)推进城乡客运服务一体化,保障城乡居民行有所乘

随着社会主义新农村建设和新型城镇化建设进程加快,城乡居民出行需求日益增长,对城乡客运服务质量提出更高的要求。推进城乡客运服务一体化发展,对于推进城乡客运基本公共服务均等化,保障城乡居民出行便利具有重要意义。

要建设多样化的城乡客运服务体系,对于经济发达、出行需求旺盛的农村地区,鼓励通过城市公交线网延伸来提升服务能力。对于出行需求较小且相对分散的偏远地区,鼓励开展预约、定制等个性化客运组织模式,确保人民群众"行有所乘"。

综合考虑社会承受能力、财政保障水平、企业运营成本、

运输产品服务质量差异、交通供求和竞争状况等因素，完善城乡客运价格形成机制，合理确定票制票价。[1]

建立健全公安、交通、安监等部门共同参与管理的农村客运安全监管工作机制，积极推动在农村客运车辆上安装车辆动态监控装置，提升农村客运安全运营水平。[2]

<拓展阅读>

六安市城乡客运服务一体化实践

六安市通过城乡客运公交化改造，大力推进城乡客运服务一体化，受到交通运输部的肯定。六安市7个县区已有5个县区实现了城乡公交一体化；84个乡镇、1247个村通了公交车，占比分别为65%、69%，其中舒城、裕安、叶集已全部实现村村通公交，共惠及群众430.2万人，年节约出行成本4.8亿元。

二、打造绿色高效的现代物流系统

《交通强国建设纲要》提出，打造绿色高效的现代物流系统是一项重要内容，要求优化运输结构，推进电商物流、冷链物流、大件运输、危险品物流等专业化物流发展，优化物流组织

---

1. 参阅交通运输部、国家发展改革委、公安部等：《关于稳步推进城乡交通运输一体化提升公共服务水平的指导意见》（交运发〔2016〕184号），2016年10月25日。
2. 参阅交通运输部：《交通运输部办公厅关于加快推进建制村通客车有关工作的通知》（交办运〔2018〕109号），2018年8月16日。

模式，提高物流效率，实现降本增效。

（一）加快多式联运发展，构建高效顺畅的综合运输服务体系

多式联运是依托两种及以上运输方式有效衔接，提供全程一体化组织的货物运输服务，具有产业链条长、资源利用率高、综合效益好等特点，对推动物流业降本增效和交通运输绿色低碳发展，完善现代综合交通运输体系具有积极意义。[1]要通过健全标准规则等措施，进一步推动铁水、公铁、公水、空陆等联运发展。

加快多式联运转运、换装设备和专业化车辆装备的研发和推广。鼓励多式联运经营企业与装备制造企业联动发展，研发跨运输方式的快速换装转运专用设备。加快内陆集装箱推广应用，大力推进运载单元数字化发展、智能化管理。

建立健全多式联运基础设施、运载单元、载运工具、转运设备、信息交换接口、包装与加固等技术、产品和服务标准体系，建立适合我国内陆集装箱技术标准体系。加快推进不同运输方式在票据单证格式、运价计费规则等方面的衔接。[2]

＜拓展阅读＞

江苏加快构建多式联运体系"多位衔接"降低运输成本

江苏省不断推进多式联运与现代供应链、地方产业链、

---

1. 参阅交通运输部等：《交通运输部等十八个部门关于进一步鼓励开展多式联运工作的通知》（交运发〔2016〕232号），2016年12月28日。
2. 参阅交通运输部等：《交通运输部等十八个部门关于进一步鼓励开展多式联运工作的通知》（交运发〔2016〕232号），2016年12月28日。

"互联网+"以及传统运输业深度融合，多式联运体系建设取得明显成效。连云港港口率先建成港口 EDI 数据交换中心，实现铁路、港口、海关、商检、物流企业之间跨系统、跨区域的数据交换和信息共享。铁水联运保持高速增长，集装箱铁水联运量同比增速接近 15%。完成海铁联运 32 种报文标准及电子数据交换通道标准建设，编制并申报了电子提送货单、电子理货单、设备交接单等综合运输标准 12 项。

（二）促进公路货运转型升级，进一步发挥公路货运"门到门"优势

"门到门"运输，是指把货物从始发地门口直接运送到目的地门口，实现直达运输。公路货运的机动性、灵活性都很强，具有"门到门"的比较优势。长期以来，我国公路货运"多小散弱"、组织效率低下，比较优势尚没有充分发挥出来。公路货运业应做好发展定位，加快转型升级，不断提高运输组织效率和服务质量。

推广应用挂车互换标准协议，创新普通货车租赁、挂车共享等新的模式，大力发展公路甩挂运输、驼背运输等方式，支持创新"挂车池"服务、挂车租赁、长途接驳甩挂等集约高效的运输组织模式发展，进一步提高公路货运效率。[1]

---

[1]. 参阅国务院办公厅：《国务院办公厅转发交通运输部等部门关于加快道路货运行业转型升级促进高质量发展意见的通知》（国办发〔2019〕16号），2019年4月21日。

加快培育公路货运龙头骨干示范企业，引导小微货运企业开展联盟合作，提高运力效率。鼓励公路货运企业通过兼并、控股、加盟等方式，拓展服务网络，延伸服务链条，加快向现代物流企业转型。[1]大力发展网络货运平台，通过平台对"多、小、散、弱"的运力、货源进行整合，为用户提供一站式、集约化货运服务。

推进车型标准化，鼓励老旧重型货运车辆提前退出市场，鼓励发展符合国家标准的中置轴汽车列车、厢式半挂车，推广标准化、厢式化、轻量化、清洁能源货运车辆[2]，提高车辆运营效率。

<拓展阅读>

没有车辆的公路货运巨头——罗宾逊全球物流公司

罗宾逊全球物流公司拥有全美最大的卡车运输网络，是典型的轻资产、重技术的公路货运企业代表。轻资产主要表现在车辆资产很少，罗宾逊的自有车辆为零，但是其平台签约企业合计拥有100余万辆卡车。重技术主要体现在罗宾逊拥有近600位IT工程师，把大量资金、人力投入信息化建设，其信息平台上有两条互联互通的信息高速路，为承运商和货主带来最大化的商业价值。

---

1. 参阅国务院办公厅：《国务院办公厅关于印发推进运输结构调整三年行动计划（2018—2020年）的通知》（国办发〔2018〕91号），2018年9月17日。
2. 参阅国务院办公厅：《国务院办公厅转发交通运输部等部门关于加快道路货运行业转型升级促进高质量发展意见的通知》（国办发〔2019〕16号），2019年4月21日。

（三）完善航空物流网络，提升航空货运效率

在全球经济稳步复苏、国内经济运转稳中向好的背景下，我国航空物流业实现了较快增长。但是，我国航空物流服务能力还不够强、运行效率不高。我国要进一步完善航空物流网络，不断提升航空货运效率。

着力优化航空物流基础设施建设，加强货运设施改造，优化货运设施布局和货物流线。要实施集疏运系统改造工程，统筹优化完善场内与场外道路设施，确保内外集疏衔接顺畅、运行便捷高效。建立全国航空物流公共信息服务平台，为航空公司、机场货站、货运代理企业、货主以及海关、检验检疫部门等提供全过程一体化信息服务。[1]

探索建立多部门协同运作模式，建设常态化、规范化的绿色通道机制，在保证航空安全的前提下实现快速通关，提高地面服务质量和效率。加大对物联网、人工智能、机器人等现代智慧物流新技术研发应用。[2] 鼓励航空物流企业与其他物流企业运营合作，实现规模化、网络化、专业化发展。

< 拓展阅读 >

顺丰航空货运——中国的"联邦快递"

顺丰航空拥有57架全货机机队，航线52条，覆盖37个内地主要城市及香港、台北，是我国运营全货机数量最

---

[1] 参阅中国民用航空局：《民航局关于促进航空物流业发展的指导意见》（民航发〔2018〕48号），2018年5月11日。
[2] 参阅中国民用航空局：《民航局关于促进航空物流业发展的指导意见》（民航发〔2018〕48号），2018年5月11日。

多的货运航空公司。顺丰的配送速度和服务品质一直领跑国内快递行业。从次日到、到省内即日到，再到跨省即日到，顺丰速运一直在不断刷新配送速度、一直在超越自我。

* 顺丰航空的全货机正在进行货物转运（《中国交通报》）

（四）推进专业化物流健康发展，建设干支衔接、集约高效的城市货运配送体系

加快完善冷链物流设施设备，鼓励多温层冷藏车、冷藏集装箱等标准化运载单元推广使用，提高冷链物流专业化、标准化水平。引导传统冷链物流企业转型升级，创新服务产品，向定制化、个性化增值服务转型，鼓励有条件的冷链物流企业延伸服务链条，向综合物流服务商转型发展。[1]建立健全危险品物

1.参阅国务院办公厅：《国务院办公厅关于加快发展冷链物流保障食品安全促进消费升级的意见》（国办发〔2017〕29号），2017年4月13日。

流法规政策标准规范，明确交通、工信、公安、环境、应急等部门的监管职责，为危险品物流营造良好的政策环境。引导危险品物流企业加强信息化建设，落实安全生产主体责任。

在城市周边规划建设若干物流园区（枢纽），并依托城市内不同区域的大型商业网点建设一批分拨中心、公共配送中心，以及货物装卸点、公共配送站，形成有机衔接、层次分明、协同配套的城市货运配送节点网络体系。支持城市配送企业发展统一配送、集中配送、共同配送等多种形式的集约化配送模式。

<拓展阅读>

河南安阳倾力打造城市绿色货运配送体系

安阳市在中心城区划定城市绿色货运配送示范区，明确燃油货车限行区域和时间。设立专项运营补贴，鼓励企业参与城市绿色货运配送。在城区周边建成多个物流园区，外地大货车下高速后即抵达物流园区，将货物卸到分

* 城市绿色货运配送车辆（《中国交通报》）

拨中心，再转运到新能源货车上，最后配送到市区各网点。安阳市已基本形成共同配送、夜间配送、集中配送等模式并存的配送方式，蔬菜、快递配送车辆电动化率达90%以上。

(五)完善农村配送网络，促进城乡双向流通

与我国农村点多、面广、农村物流业务分散的特点相比，农村物流网络建设相对滞后，难以适应农产品物流需求。要加强农村配送网络节点体系建设，进一步推动农村物流快速发展，为乡村振兴战略实施提供高质量运输服务保障。

通过新建货运站场和乡镇运输服务站、拓展客运站功能、改造既有乡镇客运站、充分利用邮政供销社服务网点设施、充分利用村相关公共设施资源及小卖店、超市、村邮站等载体等措施，加强县、乡、村三级农村物流配送网络节点体系建设。

加快县级农村物流配送平台和农村物流信息终端建设，运用射频识别技术、车载卫星定位装置、电子运单等先进技术，为用户提供网上交易、运输组织、过程监控、结算支付等服务，实现县、乡、村三级农村物流信息资源高效整合、合理配置。

鼓励"互联网+"农村物流新业态发展，整合社会闲散运力，挖掘城乡客运班线货舱运力资源，实现客货同网、资源共享。推广城乡统一配送、集中配送、共同配送等先进模式，提高农村物流配送效率和集约化水平。[1]

1.参阅交通运输部：《交通运输部办公厅关于推进乡镇运输服务站建设加快完善农村物流网络节点体系的意见》(交办运〔2018〕181号),2019年1月3日。

三、加速新业态新模式发展

在国家大力推进大众创业、万众创新的经济发展新常态背景下，交通运输领域以开放包容的心态，主动拥抱互联网，充分利用互联网技术推动行业改革创新，加快推进综合运输服务新业态新模式发展，努力打造移动互联网时代综合运输服务升级版。

（一）创新旅游交通产品，完善交通设施旅游服务功能，促进交通运输与旅游深度融合发展

随着我国大众旅游、全域旅游新时代即将到来，对交通运输的通达性和服务功能提出了更高要求。展望未来，要创新旅游交通产品，拓展交通设施旅游服务功能，全面推动交通运输与旅游融合发展。

要推动建立交通运输与旅游业融合发展机制，进一步在旅游与交通运输规划编制、旅游交通基础设施建设、旅游客运线路开通、旅游与交通运输数据共享、联合执法检查等方面加强合作。鼓励交通运输企业最大程度整合运输和旅游行业资源，发挥区域化、网络化的优势，为旅客提供更加便捷舒适的运游融合服务。[1]

以国家高速铁路网、高速公路网、航道网等为基础，整合沿线、沿路、沿江、沿河各类生态和景观资源，推动具有交通、生

---

1. 刘振国、梁科科、张甜甜、龚露阳：《我国综合运输服务与旅游融合发展思路及对策》，《交通运输研究》2019年5月第6期，第12—19页。

态、旅游、消费等复合功能的铁路旅游专列、公路旅游线路、航道旅游项目等运游融合新模式发展。鼓励开发空中游览、航空体验、航空运动等低空旅游产品，培育壮大运游融合新业态发展。

拓展机场、火车站、汽车站、邮轮码头等客运枢纽的旅游服务功能。鼓励高速公路服务区增设娱乐、物流、票务、旅游信息和特色产品售卖等服务功能，推动公路服务区向复合功能型服务区转型升级。[1]在城市主要商业集聚区、大型换乘站设置旅游集散换乘点，构建形成功能完善、层次分明的多级旅游集散体系。

（二）大力发展共享交通，打造基于移动智能终端技术的服务系统，实现出行即服务

随着共享交通的快速发展，国内外出现一种全新的交通理念——"出行即服务"（简称MaaS），即通过打造绿色出行一体化服务平台，全面整合网约车、共享单车、共享汽车、城市公交、地铁、航空、铁路、巴士等交通资源，为旅客提供一站式出行解决方案。未来，强化推进构建以移动智能终端服务系统为中心的共享交通新模式，加快助力实现出行即服务。

明确共享交通是公共交通的合理补充，是未来出行发展的重要基础和支撑，要采取措施继续推进共享交通发展。同时，要改变传统监管思维，创新监管手段和工具，加强对共享交通经营者的监管，促进共享交通健康稳定发展。

1.参阅交通运输部、国家旅游局、国家铁路局等：《关于促进交通运输与旅游融合发展的若干意见》（交规划发〔2017〕24号），2017年7月18日。

大力推进"出行即服务"平台建设,依托平台来整合共享交通、公共交通、个体交通等各类出行资源,为社会公众提供全流程、"一站式"服务。鼓励运输企业与餐饮、健身、酒店等企业合作,在出行各个环节为旅客提供综合服务。在此基础上,推动"出行+旅游""出行+休闲农业""出行+健康"等多种跨界融合发展模式。

<拓展阅读>
　　　　　　　　北京交通绿色出行一体化服务平台
　　北京市交通委员会与高德地图联合构建的北京交通绿色出行一体化服务平台(MaaS),整合了公交、地铁、步行、骑行、网约车、航空、铁路、长途大巴、自驾等全品类的交通出行服务,能够为市民提供行前智慧决策、行中全程引导、行后绿色激励等全流程、一站式"门到门"的出行智能诱导及城际出行全过程规划服务。

(三)发展"互联网+"高效物流,创新智慧物流营运模式

智慧物流是指通过智能软硬件、物联网、大数据等智慧化技术手段,实现物流各环节精细化、动态化、可视化管理,提高物流系统智能化分析决策和自动化操作执行能力,提升物流运作效率的现代化物流模式。[1]未来,要大力发展"互联网+"高效物流,实现信息化、自动化技术与货运物流业的高度协同

1.钱慧敏、何江、关娇:《"智慧+共享"物流耦合效应评价》,《中国流通经济》2019年11月第11期,第3—16页。

融合发展。

提升物流企业智能化服务水平,加速推进货运物流业务智能化、信息化,将物联网、移动互联网、云计算、大数据等技术应用在服务产品定制、智能配货、在线查询调度、自动配货等领域,积极推广电子运单,实现货物销售和运输全流程管理。

在"互联网+"交通发展趋势下,加快推进覆盖智慧物流各领域、各环节的标准化体系建设。政府引导扶持政策倾斜,进一步强化部门间合作,加强信息共享力度,协同推进智慧货运物流健康有序发展。

（四）加快快递扩容增效和数字化转型,健全智能化服务网络

即时直递是指快递员按照约定时间上门揽收,并且直接送达收件人。即时直递省去了中转、分拨等中间环节,提高了快件派送效率。即时直递目前在我国还处于探索发展阶段。促进快递业转型升级,需从以下方面着手:

推进智能收投终端和末端公共服务平台建设,不断健全快递末端服务网络。支持有条件的快递企业实施数字化、网络化、智能化改造。鼓励快递企业运用连续补充货物（CRP）、准时化技术（JIT）、快速响应系统（QR）等供应链理论和方法,全面提升物流要素能力以及物流运作能力。

加快促进冷链快递发展。[1]鼓励多温层冷藏车、冷藏集装箱

1.参阅国务院办公厅:《国务院办公厅关于加快发展冷链物流保障食品安全促进消费升级的意见》(国办发〔2017〕29号),2017年4月13日。

等标准化运载单元及车型在冷链快递中的推广使用。引导传统冷链物流企业转型升级，延伸服务链条，创新服务产品，向定制化、个性化增值服务转型，为社会提供全程一站式服务。

加强即时直递新业态的监管。即时直递是指快递员按照约定时间上门揽收，并且直接送达收件人。即时直递省去了中转、分拨等中间环节，提高了快件派送效率。即时直递在我国还处于探索发展阶段。因此，在鼓励创新、包容审慎的原则下，应明确直递服务的定位，尽快研究出台相应的监管政策，加强安全监管。加快研究出台"即时配送服务规范"，进一步规范直递企业的经营活动和服务质量。

（五）积极发展无人机（车）物流递送配送

无人机、无人车物流递送是未来物流发展的重要方向。积极发展无人机（车）物流递送配送需要建立健全无人机物流发展政策体系，合理引导和规范无人机物流发展市场秩序。加强多部门合作，简化审批流程和申请手续，创新开展无人机适航审定工作。开展无人机物流配送试点工作，形成一套集研发、生产、运营、维修、人才培养于一体的无人机物流发展体系，推动无人机在物流领域的快速、高效、安全发展。

<拓展阅读>

京东大力发展无人机配送业务

线上挑选、下单、购买、配送到家门的网购过程在城市早已普及，但很多地广人稀的农村和郊区，却依然存在"最后一公里"的配送难题，京东无人机的运营无疑带来了理想的解决方案。京东无人机已经在江苏宿迁、陕西省多个地区实现了常态化配送运营，并建立了无人机全国运营调度中心。

* 京东的无人机模型（《中国交通报》，张英贤摄）

第 5 章

创新驱动

——支撑引领交通运输快速发展

坚持创新驱动,增强发展动能。当今世界正在经历新一轮科技革命和产业变革,数字经济、人工智能等新技术、新业态已成为实现经济社会发展的强大技术支撑。要大力发展智慧交通和智慧物流,推动大数据、互联网、人工智能、区块链等新技术与交通行业深度融合,使人享其行、物畅其流。

——国家主席习近平在第二届联合国全球可持续交通大会开幕式上的主旨讲话(2021年10月14日)

第 ⑤ 章 → 创新驱动——支撑引领交通运输快速发展

科技创新支撑和引领交通运输行业发展，极大提升了行业的核心竞争力和可持续发展能力，赋予交通运输行业新的名片，为中国经济发展增添了新动能。随着大数据、人工智能、5G、物联网、云计算、区块链等技术与交通运输行业加速融合，我国交通运输行业呈现快速发展态势，交通科技创新已成为加快建设交通强国的主要动力。

一、强化前沿关键科技研发

科技创新是加快交通强国建设的重要支撑。建设交通强国必须依靠科技创新培育发展新动力，加强交通运输前沿关键技术研发，提高交通科技供给能力，以科技创新促进和引领我国交通和世界交通的创新与发展。

（一）瞄准新一代信息技术

信息技术包括传感技术、计算机技术、通信技术、自动化技术、微电子技术、光电子技术、人工智能技术等，正逐步成为交通运输业发展和传统运输方式优化升级的强大推动力，广泛应用于勘察设计、工程施工、交通安全、环境监控、运营管理等领域。坚持以技术创新为核心，在关键性技术、前沿引领技术、现代工程技术、颠覆性技术上寻求突破，推进交通科技创新与产业体系的深度融合，以交通科技创新带动全产业链创新。

5G通信新技术是信息技术发展的新亮点，是能够连接包括电动汽车在内的所有智能机器的现代智能物联网核心技术，具有连接速度快和数据精确的技术优势。未来，5G技术将在交通运输行业发挥更多作用。

| 知识链接 |
5G在交通运输行业的首次亮相

5G自动驾驶车辆测试道路：2018年9月，中国移动发布国内第一条5G自动驾驶车辆测试道路，该测试道路设有10个5G基站、4套智能交通控制系统、32个车路协同信息采集点位、115个智能感知设备，可提供5G智能化汽车试验场环境。

5G室内地铁站：2019年1月，全国首个5G室内地铁站——成都地铁10号段全线终点太平园站竣工开通，该基站是目前全国第一个完全覆盖5G室内信号的移动地铁站，将成为5G室内信号分布传输系统进行综合测试的重要试验场所。

5G大型远程智慧工业运输应用码头：2019年1月，青岛港自动化大型工业集装箱运输应用码头成功设计安装。基于5G大型自动控制岸桥吊车的运输系统，实现了大型工业集装箱的远程实时跟踪抓取和自动控制运输。

5G大型工业智慧运输码头应用机场：2019年1月，中国联通与广州白云国际机场共同建成了我国首个5G大型工业智慧运输码头应用机场。该智慧机场的5G实测运行速率是4G实测速度的50倍。

5G室内智慧火车站：2019年2月，我国首个采用5G自动数字监控系统技术的智慧火车站在上海虹桥火车站启动建设，逐步实现了5G无线网络服务的全覆盖，让旅客可以享受安全高速、便捷的5G无线网络服务。

（二）瞄准人工智能技术

人工智能技术不断融入交通运输的各个业务环节，让交通运输和服务变得更加智能和敏捷。例如，通过采用异常检测、图像识别、视频分析等多种智能分析技术，可有效增强公共交通管理服务机构的交通监管能力、提高信息服务准确度，有效规范公众交通驾驶行为，预防重大交通意外事故发生。

人工智能在城市交通运输管理行业的广泛应用，推动了车路协同与无人驾驶技术的快速发展，使其能够进一步优化各类城市交通运输监管和出行管理服务，实时对城市全城、区域、商圈等交通路况进行跟踪分析，形成多维度、智能化的综合交通应急管理预案，提高交通运输管理效能。

（三）瞄准智能制造技术

"智能制造"就是把制造技术与数字通信技术、智能制造技术、网络通信技术等充分融合，扩大到整个产品的设计生产和售后服务等多个方面。交通运输行业智能装备制造，包括贯通陆路的大型高速铁路、高速公路、国省干道，航路的大中型飞机制造，海路的大型船舶智能制造，以及新能源业态的大型共享汽车、共享自行车、无人驾驶电动车、无人机的智能制造。高速铁路列车等一大批企业自主开发研制的大型交通运输智能装备已成为"中国制造"的行业新名片。今后，交通运输行业智能装备制造，将继续大力发展交通基础配套设施、交通运输管理和载运装备等，特别是无人机制造和自动驾驶汽车制造技术。

（四）瞄准新材料技术

新材料产业正处于强劲的发展态势，随着人类需求层次的不断提升，新材料产业前景无限。复合型新材料、新型钢铁材料等在交通运输行业的应用，已经产生了巨大的影响。例如，复合金属材料减重技术在我国轨道交通领域具有非常广阔的产业应用发展前景，能够在快速减重、延长产品使用寿命、节能低碳减排等方面发挥积极作用。

（五）瞄准新能源技术

交通运输领域着力推进新能源技术的应用，在新能源电池的应用上已经取得了明显成效。新能源电池汽车的出现，改变了我国的汽车产业现状，也起到了节能环保的作用，为交通运输行业的绿色低碳发展奠定了基础。今后将积极研发高比能蓄电池技术、柔性可拉伸电源技术、小型便携式电源技术、氢氧燃料电池技术等，提高蓄电池的科技含量，进而提高新能源运输工具效能。

（六）瞄准轨道运输储备技术

磁悬浮列车利用的是物理学中"同性相斥、异性相吸"原理，安全性很高。我国研发的磁悬浮列车，解决了一系列工程技术难题，如磁悬浮跨江穿山高速运行、气动设计、高强度车体、牵引制动、低延时通信、长途多分区多车辆全自动追踪、任意点停车、减震降噪等，每一项都是极大的技术挑战。

目前，高铁最高运营速度为350公里/小时，飞机巡航速度为800—900公里/小时，时速600公里的高速磁悬浮列车可以填补高铁和航空运输之间的空白。在上海运营的磁悬浮列车，是世界上第一条投入商业运营的磁悬浮专线，连接市区到机场，时速达430公里，30公里距离只需要8分钟。

时速400公里等级高速动车组，运营速度快，是具备跨国互联互通能力的低能耗、轻量化的绿色环保动车组，可以智能行车、智能运维、智能服务，具有更高的安全性和舒适性。

真空管道列车在理论上已经成熟。2021年，我国山西大同开工建设"高速飞车"，即时速1000公里超高速低真空管道磁悬浮交通系统试验平台，将为超高速真空磁悬浮列车运行走向实用化进行预演。

| 知识链接 |

  未来交通新动力——低真空管道高速列车

  真空管道技术可以有效减少空气和高速列车之间的摩擦阻力，磁悬浮控制技术可以有效减少高速列车与真空轨道之间的重力摩擦，确保列车达到最大的运行速度。这项先进技术的研发和实际应用可以使火车以超过1000公里/小时的速度平稳行驶。

  如果试验能够取得成功，将来的高速列车比波音737的速度快，后者的轨道巡航速度预计达960公里/小时。这意味着彼时的高速列车可以在30分钟左右从伦敦到达巴黎。

＊我国时速600公里高速磁浮交通系统在青岛正式下线（《中国交通报》，张进刚摄）

二、大力发展智慧交通

智慧交通是加快交通强国建设的重要切入点，是我国交通强国体系建设中率先成功实现世界领先的重点领域。智慧交通的本质就是通过数字化信息化技术与交通运输行业深度融合，实现交通运输管理与服务能力的升级，保障交通安全，提高交通效率，节约能源，实现低碳排放，支撑行业转型升级和高质量发展。

（一）推动新技术与交通深度融合发展

随着信息科技产业革命和产业结构变革的深入推进，智慧交通管控体系应运而生，并加速从蓝图走向现实。5G网络是智慧交通得以走进现实的基础。每天都有海量的交通运输服务数据上传到各省市各级政府交通运输大数据共享平台，通过数据分析处理后，应用于城市交通和建设工程项目管理中的信息反馈和需求调整。在交通大数据发展环境下，数据的精度成为智慧交通系统发展的关键要素。

交通运输部印发的《推进综合交通运输大数据发展行动纲要（2020—2025年）》提出，到2025年，我国综合交通运输大数据标准体系将更加完善，基础设施、运载工具等成规模、成体系的大数据集基本建成；政务大数据能够有效支撑综合交通运输体系建设，交通运输行业数字化水平显著提升，综合交通运输大数据中心体系基本建成。

1.人工智能与交通的深度融合

交通运输领域的人工智能技术主要投射在三个方向：一是城市治堵，如智能信号系统试点效果明显，交通通行效率提高了25%。二是安全防控，如全国公共安全防控体系的搭建、"两客一危"车辆主动安全智能防控系统的安装、疲劳驾驶监测等。三是网联汽车，多项网联汽车项目已在多个城市推进。

人工智能交通技术可以通过大数据和云平台技术辅助，智能合理调度交通资源，减少交通资源错配和交通工具空载率，达到环境资源保护和有效节约能源的目的，有效缓解交通拥堵，减少交通基础配套设施项目建设工程成本，提高公众出行便捷性。

2.区块链技术与交通的深度融合

在交通信息化快速发展的时代浪潮中，区块链技术具有的去中心化、数据无法被篡改和公开透明等特点，为未来交通运输与区块链技术融合发展奠定了良好的发展基础。

区块链技术与智慧交通发展的融合优势明显。一是使用基于区块链的新型车载互联网系统，实现更加安全可靠的数据认证和存储系统，为公众提供更高性能的服务。二是可以根据不同时间、不同路况、不同天气，智能地调整各路段的收费标准，最大限度地疏解停车问题，提高道路效率。三是通过区块链激励机制和区块链技术，可实时判断、疏导及提供其他交通服务。四是依托区块链的强大数据分析能力和移动账本的优化管理，可以快速精准地查找停车位等服务信息，从而提供优质的城市停车管理服务。

（二）建设综合性交通信息网络

1.建设交通基础设施网与信息网络

通过完善城市交通基础运输设施信息网络建设，进一步推进城市交通运输基础信息设施的融合延伸，加强城乡一体化综合交通枢纽体系建设，促进各种运输交通方式有机衔接，实现城市智能交通管理，支撑了我国智慧城市交通体系的建立。

2.建设运输服务网与信息网络

通过运输信息服务网与运输信息网络的融合发展，进一步打破我国传统货物运输业中各种新型运输服务方式的空间界限，形成一条传统制造业、运输业、仓储业、货运代理业和运输信息服务业"五位一体"的运输供应链，建立货物"门到门"的全程服务体系。

3.建设新能源与信息网络

通过新能源和交通信息网络融合，进一步推动新时代交通运输新能源体系发展。例如，新能源电动汽车的发展，融汇了新一代能源、互联网、人工智能等多种现代变革性技术，其产品功能、操纵模式和应用体验都发生了深刻的变化，对公众出行理念和出行方式也产生了巨大的影响。

（三）构建泛在先进的交通信息基础设施

我国信息化发展领域已全面拓展到陆地、海洋、天空等生产生活空间，急需建设多网络融合发展、多空间维度一体化、综合智能化的泛在先进信息基础设施体系架构，形成推动我国交通运输发展的强劲动力。建设泛在先进的交通信息基础设施体系是综合交通运输信息化发展的主要方向，需要加快物联网设施、云计算中心、大数据平台、交通主干网等设施部署，加快以信息传输为核心的网络设施向融合感知、传输、存储、计算、处理为一体的智能化信息基础设施演进，实现网随云动。

（四）构建综合交通大数据中心体系，深化交通公共服务和电子政务发展

1. 构建综合交通大数据中心体系

建立国家级、省级、市级三级交通运输大数据共享平台，数据逐级汇聚，形成覆盖全国、统筹利用、统一接入的交通大数据共享平台，实现跨层级、跨地域、跨系统、跨部门、跨业务的协同管理和服务。以交通大数据共享平台为基础，推动交通大数据深度应用，挖掘数据潜在价值，建立健全大数据辅助科学决策机制，从交通信息服务、货物运输、交通管理和交通安全等方面提升大数据的行业应用。

2. 深化交通公共服务和电子政务发展

交通电子政务平台是地方交通管理部门与公众进行沟通

的渠道，通过该平台向公众发布信息、提供公共服务，突破时间、空间、政府部门协调等因素限制，实现了组织结构优化，提高了行政效率。各地区各级交通运输管理部门都开发了相关交通运输政务管理系统，主要包括路政管理系统、运政管理系统、港航运政管理系统、养路费征收管理系统、公路建设工程管理系统等。

（五）推进北斗卫星导航系统应用

北斗卫星系统创新融合了导航与通信能力，具有实时导航、快速定位、精确授时、位置报告和短报文通信服务五大功能。随着系统建设和服务能力的发展，北斗系统已经广泛应用于交通运输、海洋渔业、水文监测、气象预报、测绘地理信息、应急搜救等领域。交通运输行业是北斗系统重要的民用应用行业，下一步将继续深化研究，扩大其在智能导航、交通监管、出行服务和智慧城市等方面的应用。

1.全国道路运输系统应用

道路运输领域率先进行了北斗卫星导航系统大规模应用。全国已经有500多万营运车辆安装应用北斗兼容终端并接入全国平台，组成全球最大的营运车辆动态监管系统。道路运输主管部门可通过该平台查询特定车辆的信息，包括当前位置、车主、联系人姓名及手机号等，同时可实时了解其行驶方向和车速，从而监控该车辆的行驶状态并起到预警等作用。

2.中国海上搜救信息系统应用

基于北斗系统的中国海上搜救信息系统，旨在保障我国海上生产作业和生命财产安全，提高海上搜救效率。目前，我国已实现了40万套基于北斗卫星导航系统的海上遇险报警手机终端及3000多套具备北斗短报文通信功能手机终端的推广应用,在多艘海事船舶和救捞船舶上安装了北斗智能船载终端,实现了北斗自动识别系统、卫星紧急无线电示位标和人员落水设备的示范应用。

三、完善科技创新机制

充分发挥国家科技自主创新在交通强国建设中的支撑和引领作用,不断完善和改进科技创新发展方式,有效整合和优化配置社会创新资源,充分调动和吸收行业内外、国内外一切可以利用的先进技术、人才和资金等,逐步形成"政产学研用"深度融合的交通运输科技创新体系。

(一)推进产学研深度融合

1. 建立以企业为主体、产学研深度融合的技术创新机制

发挥政府政策引导和市场协调作用,强化企业综合创新主体地位,以协同创新平台为载体,以重点技术突破为契机,加强部际合作、部省合作,统筹利用行业资源,积极开展国际科技合作,促进科技创新资源、成果的开放共享。

从应用基础技术研究到综合应用高新技术研发、中试成果孵化、研发技术成果转化,进入相关产品应用化、产业化的整个链条,探索通过合作建设国家技术创新研究院和专项技术研发中心,搭建产学研交通运输协同技术创新、深度业务融合的技术资源共享服务平台合作机制。借助区域或跨区

域的网络技术和大数据信息服务平台、科技成果中介信息服务平台、知识产权和产业技术交流交易平台，协同发展创新技术资源中心。

2.建立交通运输产业创新联盟

交通运输产业创新联盟以技术创新为主要目的，统筹科技创新资源，完善行业重点科研平台布局，鼓励各类创新主体拓展科技创新载体。交通运输产业创新联盟发挥承担交通运输行业的桥梁纽带功能，上接各级政府部门委托，整合协调行业各方技术资源，下承联盟会员企业，强化行业技术自律，加强行业技术交流合作。未来，应尽快组建成立一批交通运输产业创新联盟，形成一体化的产业协同推动创新发展模式，夯实我国交通运输科技产业可持续发展的基础。

3.建立关键核心技术攻关机制

建立关键核心技术攻关机制，注重对接落实国家重大科技发展规划战略及国家重点科技支持政策，适应行业重大科技发展需求，加强跨行业、跨部门沟通对接协调，推动重大研发攻关任务深入实施。继续加强部省联动、跨区联动，强化不同层级科技政策措施衔接，促进区域科技资源共享与重大科研项目交流合作，建立健全应急科研攻关工作机制。引导全社会加大对科技研发的资金投入力度，尤其是对具有前瞻性和综合应用性强的基础技术领域研究的投入。

（二）建设有影响力的实验室、试验基地和科技创新中心

1.建设有影响力的实验室、试验基地

"十三五"时期以来，以企业为主体，在综合交通运输大数

第 ⑤ 章　→ 创新驱动——支撑引领交通运输快速发展

* 湖南高速路网运行监测指挥中心（《中国交通报》）

据应用、网络安全、现代物流、城市轨道交通运营安全、基础设施智能制造、建筑信息模型技术等领域，认定建设了30余家研发中心和重点实验室，目前行业科研平台总数已达130余家。中国中车集团有限公司、徐州工程机械集团有限公司、百度公司等100余家研发实力强劲的创新型企业和清华大学、同济大学、哈尔滨工业大学等一批知名高校进入行业科技创新体系，为行业科技创新注入了新的活力和动力。

下一步，交通运输行业将继续统筹部署推进科技创新能力建设，积极推进行业重点实验室、试验基地建设。聚焦交通基础设施与装备共性技术和复杂重大工程，确保实验室创新功能、创新资源配置与创新过程的良性可持续发展。

2.建立科技创新中心

持续稳定科研基础建设投资，逐年增加在先进领域、先进研发方向的科技投入比重，加强政府资金引导作用。围绕交通强国任务目标和战略需求，整合行业现有各类创新平台资源，完善交通科技创新平台体系，打造一批世界一流的综合性交通科技创新中心和重点科研平台，构建行业科技创新的核心力量。

3.加大资源开放共享力度

坚持协同和开放共享，以重大交通基础设施智能建设维护、综合运输与智慧服务、绿色新能源运载工具技术的研发和产业化发展为目标，积极开展国际科技合作，促进科技创新资源、成果的开放共享。

4.保障交通科技创新平台资金投入

大力支持交通行业领域重点科研平台相关基础设施建设，加大在交通运输行业战略领域与前瞻性关键技术等的投入。通过后补助、购买服务、间接投入等多种方式鼓励科技企业和社会资本积极参与，发挥地方机构对交通运输行业技术创新的引导助推带动作用，建立健全多元化基础科技、基本资金联动投入机制，形成中央财政资金、金融机构资本、社会资本等多方协同投入的新市场格局。

（三）构建交通高质量发展标准体系

1.构建交通运输高质量标准体系

随着交通新技术、新业态、新产业、新模式不断涌现，需要不断优化提升我国交通运输行业供给的质量和运营效率，加快交通运输标准规范体系建设，通过标准的实施促进科技成果的应用，推动我国交通运输事业高质量发展。

2.加强重点领域标准有效供给

充分发挥行业标准在促进交通运输行业高质量健康发展过程中的重要支撑、引领和保障作用，加强推进综合交通、工程建设与养护、道路运输信息服务、节能环保、安全生产等重点领域行业标准的有效供给。主要包括以下重点领域。

服务发达可靠、经济实用的交通运行体系。完善高速铁路、高速公路、智慧港口、民航机场等工程的建设标准，加强集疏运、特种物流标准研制；针对优质便捷、一体畅联的运输服务体系，加快开展交通基础设施与运输服务互联互通标准研制，加强网络化、数字化交通基础设施标准研究与制定，加强多样化高品质出行标准供给，鼓励研究制定共享化、体验化客运服务标准；统筹无人驾驶、智能网联汽车等先进交通技术标准转化，开展新一代中国高速铁路智能移动通信控制管理系统、高速铁路旅客列车自动化和无人驾驶控制系统、车站计算机列车智能自动联锁控制系统等现代交通运输技术标准转化研究工作。

高效集约、协同适用的智慧物流体系。推进交通运输装备设备标准化，提升物流设施设备智能化标准化水平，探索制定大数据与人工智能相融合的运输装备标准，加强交通基础设施环境保护污染物防控和废弃物循环利用标准的制定，提升交通运输绿色水平，加强城市公共汽电车、城市轨道交通等绿色出行标准的制修订，完善交通节能技术与产品标准。

第 6 章

安全第一

——创造完善可靠、反应快速安全保障

人命关天，发展决不能以牺牲人的生命为代价。这必须作为一条不可逾越的红线。

——习近平总书记就做好安全生产工作作出重要指示时强调（2013年6月6日）

安全是国家的命脉，也是人民美好生活的基石。交通运输作为经济社会发展的"先行官"，既是经济社会活动的产物，也是经济社会健康发展的有力支撑和坚强保障，更是落实总体国家安全观和保障国家安全的重要领域。随着我国经济社会的发展和生活水平的提高，人民群众对幸福生活的追求与日俱增，在现代交通运输方式已融入日常生活的今天，交通运输安全变得十分的重要。现阶段我国仍处于交通运输事故多发期，交通运输安全问题已经成为影响经济社会和交通运输发展、制约交通强国建设的最大短板。因此，必须把交通运输安全提升到国家战略层面，加快"完善可靠，反应快捷"的安全保障体系建设。

| 知识链接 |

我国交通运输安全发展与交通强国建设目标的差距

经过70多年的发展，我国交通运输安全状况有了明显改善，事故总量逐渐下降。但我国的交通运输安全离发达国家及交通强国建设目标还有一定差距。以国际通用经济化安全水平指标万车死亡率为例，2019年世界上道路交通事故万车死亡率最低的国家是日本为0.41，英国是0.53，德国是0.59，美国是1.3，我国为1.8；对标交通强国提出的"人民满意、保障有力、世界前列"的目标，我国交通安全发展仍然存在基础较为薄弱、安全责任落实不到位、安全改革创新不足、新业态安全监管不适应等问题。

一、提升交通本质安全水平

我国交通运输快速发展的同时,交通本质安全取得了显著成效。交通领域已经建立了较为完善的安全技术标准规范体系,健全了交通桥梁的安全保护设施,完善了基础设施养护管理体系,交通安全保护逐步向着规范化、制度化、法制化方向发展。交通设施安全防护投入持续增加,交通安全防护设备不断完善,设施设备安全防护能力进一步加强。交通工程建设质量不断提升,交通领域精品建造越来越多。交通运输载运工具和交通设施智能化与管理服务协同化快速发展,先后建成了全球规模最大、自动化程度最高的码头,正在向自动化港口和智慧港口转型等。

但是,我国安全管理建设还处于初级阶段,安全管理还比较粗放,交通运输安全生产依然是最大的短板和最弱的底板。因此,在交通强国建设中必须提升交通本质安全水平,主要包括:完善交通基础设施安全技术标准规范,持续加大基础设施安全防护投入,提升关键基础设施安全防护能力;构建现代化工程建设质量管理体系,推进精品建造和精细管理;强化交通基础设施养护,加强基础设施运行监测检测,提高养护专业化、信息化水平,增强设施耐久性和可靠性;强化载运工具质量治理,保障运输装备安全。[1]

1.中共中央、国务院:《交通强国建设纲要》,北京:人民出版社2019年版,第9—10页。

| 知识链接 |

什么是本质安全？什么是交通本质安全？

所谓本质安全，就是运用先进的安全管理理念和科学的管理模式，使工程项目内部的人、机（物）、料、环境达到安全和谐统一，最终实现思想无懈怠、管理无空档、设备无隐患、材料无瑕疵、环境无污染、质量零缺陷、安全零事故。

交通本质安全是指从业人员、车船设备、公路港航基础设施和管理等要素，含有内在的能够从根本上防止发生事故的功能，是安全生产中"预防为主"的根本体现，也是安全生产的最高境界。

（一）完善交通安全技术标准规范，强化交通安全基础设施建设

完善可靠的交通安全设施是预防交通事故发生的重要保障。为了减少交通事故发生，必须完善交通安全技术标准规范，强化交通安全基础设施建设，提升关键交通基础设施安全防护能力。

| 知识链接 |

交通运输部修订发布《公路交通安全设施施工技术规范》

新修订的《公路交通安全设施施工技术规范》（以下简称《规范》）自2021年7月1日起施行，原《公路交通安全设施施工技术规范》同时废止。

《规范》突出施工程序和过程控制，将质量关口前移，规定了交通安全设施施工过程中应遵守的准则、技术要求以及施工关键工序的控制，如提出了施工工艺要求和流程、

质量过程控制措施，为精细化施工创造条件，用设计文件技术要求对施工进行规定；大力推动施工标准化、工厂化、装配化，提高交通安全设施施工质量和规模化生产水平；提出了改扩建公路交通安全设施施工的材料利用、施工工艺和方法，体现绿色公路建设理念；规定了新技术、新材料、新工艺、新产品的使用原则，促进交通安全设施施工的提质增效；完善了施工期间的交通组织和安全保障技术，提升施工区的通行安全。

1.健全交通安全技术标准体系

交通安全技术标准规范涵盖交通基础设施、载运工具、运营管理等方面的安全标准与技术体系，其中技术规章体系应适应各种自然条件、交通条件和运营条件。在标准制定时，必须考虑我国各种地区不同自然环境（大风、冰、雪等）、不同交通环境（桥梁、交通流等）、不同设计标准对通行的影响，并制定相应的标准。[1]

2.强化安全基础设施建设

科学编制交通安全设施建设规划，统筹安排建设任务，提升交通基础设施安全防护能力。做到新建、改建、扩建项目安保设施与主体工程同时设计、同时施工、同时交付使用。落实安全生产的"三同时"制度，新建、改建、扩建交通建设项目必须同时考虑安全设施建设。

1.傅志寰、孙永福等：《交通强国战略研究》（第二卷），北京：人民交通出版社2019年版，第332页。

|知识链接|

什么是安全生产"三同时"制度?

《中华人民共和国安全生产法》规定了生产经营单位在新建、改建、扩建工程中安全设施必须坚持"三同时"的原则,即建设项目的安全设施,必须与主体工程同时设计、同时施工、同时投入生产和使用。

3.完善农村公路安保设施

农村公路安全是整个公路网安全的重要基础和保障,农村公路建设等级及荷载标准应以满足当地需求为原则,指标选择要因地制宜。如受地形、地质等自然条件限制的农村公路的局部路段,经技术安全论证可适当降低技术指标,但必须完善相关设施。同时要同步建设交通安全、排水和生命安全防护设施,改造危桥,构建农村公路安全体系。

* 贵州省黔东南苗族侗族自治州岑巩县天星乡荷塘村路段维修工人正在给公路安装护栏(《中国交通报》,刘慧摄)

（一）构建现代化工程建设质量管理体系，推进精品建造和精细管理

强化交通建设工程质量管理，保障基础设施安全可靠，提升工程建设管理水平。

1.强化交通建设工程质量管理

提升交通系统建设技术、管理和作业标准，构建标准化管理体系。强化设备质量的源头控制，建立产品质量的业绩档案、加强造修的质量评价，对源头质量问题要依法追责、依法索赔。集中整治交通安全相关设备的缺陷，精准补强设施设备薄弱环节。[1]

2.提高安全防护设施质量

交通安全防护设施质量直接影响交通工程安全，要不断提升整体安全管理水平。要严格选用材料，符合国家标准，确保防护设施原材料的安全性。要加强后期的维护与管理。

3.加强工序质量控制和施工过程管理

安全防护设施施工过程中有许多关键的技术要点，要对整个施工过程实施有效管理，制定不同的施工管理办法，提出施工合格率的考核办法，促进工作人员严格执行管理制度。

4.建立完善基础设施全寿命周期的安全管理体系

实行工程建设和运行质量全寿命周期安全管理，健全安全生产法规制度和标准规范，提高基础设施安全标准化水平，加大安全配套设施投入力度，提升设施安全防护能力，推广使用

1.傅志寰、孙永福等：《交通强国战略研究》（第二卷），北京：人民交通出版社2019年版，第332页。

新材料新技术新工艺，提升基础设施质量和耐久性。

（三）加强基础设施养护管理，提高基础设施养护的专业化和信息化水平

强化交通基础设施的预防性养护管理和安全评估，加强基础设施的长期性能观测，推行基础设施的数字化、精细化、标准化管理，提高养护的专业化和信息化水平，保持基础设施良好技术状况，提高基础设施的耐久性和抗灾能力。

| 知识链接 |

公路养护工程分类

公路养护工程按照养护目的和养护设施差异，分为预防养护、修复养护、专项养护和应急养护工程。

预防养护工程是针对公路路基路面、桥隧构造物在结构强度充足、功能性能保持良好或有较轻微病害的情况下，以预防性能过快衰减，延长使用寿命为目标而采取的主动防护工程。

修复养护工程是在路基路面或桥隧构造物已出现明显病害或部分丧失服务功能的情况下，以恢复技术状况为目标，针对路面或桥隧构造物发生的不同程度损坏而进行的功能性、结构性修复、加固、改造或重建，并配套完善公路沿线设施。

专项养护工程是以恢复、完善和保持公路附属设施服务能力为目标，而集中实施的各类专项修复和定期更换等工程。

应急养护工程是在突发事件发生后，造成公路设施损毁，以最快速度恢复公路通行为目标，针对造成公路中断或者严重影响公路安全通行的损害而实施的应急性抢通、保通、抢修及灾毁修复工程。

1. 建立交通基础设施养护管理体系

构建交通基础设施养护管理体系，推动"点式管理"向"链条式管理"转变，推行基础设施养护科学化、专业化和规范化，提升基础设施养护工程管理的系统性、全面性和科学性。

2. 重视设施日常养护工作

开展路面、路基、沿线设施、标志标线、绿化等调查摸底，全面掌握路况"短板"弱项，明确路况整治重点内容。严格巡查考核，严肃通报问责。强化路面、路基小修监督指导，精准问诊把脉，解决质量通病。提出合理的解决方案，及时加固或维修，避免"小病拖成大病，大病拖成癌症"现象。

3. 加强预防性养护工作管理

增强基础设施养护中的防范意识，把养护工作中发现的细节问题转化为日常防范检查工作，保证基础设施在使用过程中存在的隐患能够及时得到解决，防止基础设施损坏加大。

4. 提高基础设施养护的专业化、信息化水平

将大数据与基础设施养护管理深度融合，提高基础设施养护的专业化和信息化水平。收集建设期的基础数据，运营后的检查、检测、养护维修数据同步上传，实现数据库动态更新；基于大数据库的数据，自动作出对养护决策的评价；利用现代信息技术、移动互联网技术，提高数据采集的高效性和规范性。

提供强大的检索和查询功能，并结合一定的图形化和可视化技术，为养护管理者提供形象、全面的养护对象和业务演变过程，为基础设施养护决策分析提供科学依据。

（四）加强基础设施运行的监测检测，增强基础设施的耐久性和可靠性

1.加强基础设施运行监测检测

提高基础设施运行管理水平和应急服务能力，完善铁路、公路、港口、机场等基础设施运行监测，加强应急保障体系建设，推进交通安全生产监管、交通运行监测与交通应急指挥等信息系统的建设。

2.提高基础设施运行管理水平

加大基础设施修建、实时监控、应急救援与保障等方面的

* 甘肃省武威公路局组织专业技术人员对辖养公路桥梁进行专项检查（《中国交通报》，刘常赟摄）

投入，强化基础设施的运营安全，加强基础设施的安全评价，强化设施管理和服务设施的合理配置，加强交通安全运行监测与预警系统的建设。

3.完善基础设施运行监测体系

建立相互衔接、互联互通、责权清晰的基础设施运行管理体制，加强跨区域、跨部门的交通网协调联动机制。建立交通网运行监测体系，实现部与省级、省级与市县各类交通网监测数据的统一接入和相互调用；加强基础设施运行态势的科学研判与辅助决策能力的建设。推进部与省两级交通网运行监测管理与服务平台的建设，实现基础设施运行监测全国联网。[1]

4.推进"互联网+交通安全"管理

推动大数据、云计算、5G、物联网等信息技术的集成创新与推广应用。建立实时交通网运行监测监控体系，建立跨区域跨部门的信息共享与交换机制。围绕养护管理、运行监测、出行信息服务、应急调度指挥、综合执法管理等，加强交通网管理各项核心业务系统的建设和应用，实现系统的互联互通、多级联动和共享服务。[2]

（五）强化载运工具质量治理，保障运输装备安全

载运工具质量治理是提高运输装备水平，实现运输装备现代化的最主要和最有效的手段。强化载运工具质量治理，重点

1.交通运输部：《"十三五"公路养护管理发展纲要》，2016年6月2日。
2.交通运输部：《"十三五"公路养护管理发展纲要》，2016年6月2日。

推进船型、车辆等载运的标准化，引导交通企业加快淘汰落后载运工具和装备设施，提高载运工具整体抗外部各种风险能力，提升载运工具的可靠性和安全水平。

1.提高运输装备安全性能标准

推进船舶标准化和车辆标准化，加快老旧车船更新改造工作，提升运输装备安全性能。提高道路运输装备专业化、标准化、智能化水平，优化客运车辆等级结构。加强车辆技术管理，配备齐全有效的安全防护设备设施，严格落实车辆安检制度，坚决杜绝安检不合格的车辆运营。加强客运车辆运行动态监控，及时发现和纠正违法违规行为并严肃处理。[1]

2.落实运载工具产品质量管理

对运载工具整体及部件生产企业实行生产资质管理和设计型号合格管理。对载运工具制造实行验收制度。对载运工具设备、产品实行产品认证、质量检验等准入制度，杜绝质量不合格的产品进入载运工具领域。[2]

3.加强载运工具市场运行管理

加强对载运工具生产、市场准入的监管，加强对老年代步车、电动自行车等载运工具的生产监管，严格准入和登记，避免出现生产监管空白地带。落实企业安全生产主体责任，重点检查企业安全制度落实、动态监控责任履行、载运工具安全状况达标、从业人员交通违法处理等情况。严把载运工具检验关、

---

[1].傅志寰、孙永福等：《交通强国战略研究》（第二卷），北京：人民交通出版社2019年版，第335页。
[2].傅志寰、孙永福等：《交通强国战略研究》（第二卷），北京：人民交通出版社2019年版，第332页。

避免安全性能不达标的载运工具投入运营。加强载运工具强制报废管理，引导企业加快淘汰落后载运工具。[1]

二、完善交通安全生产体系

随着我国交通运输的快速发展，交通运输领域新业态不断出现和快速发展，传统和新型生产经营方式并存，各类安全风险和事故隐患交织叠加，交通运输安全生产问题仍然存在。因此，推进交通强国建设过程中，必须加快完善交通安全生产体系。主要包括：完善依法治理体系，健全交通安全生产法规制度和标准规范。完善安全责任体系，强化企业主体责任，明确部门监管责任。完善预防控制体系，有效防控系统性风险，建立交通装备、工程第三方认证制度。强化安全生产事故调查评估。完善网络安全保障体系，增强科技兴安能力，加强交通信息基础设施安全保护。完善支撑保障体系，加强安全设施建设。建立自然灾害交通防治体系，提高交通防灾抗灾能力。加强交通安全综合治理，切实提高交通安全水平。[2]

（一）完善依法治理体系，健全交通安全生产法规制度和标准规范

推进交通运输行业法律、行政法规和部门规章的废、改、立、释，制定细化《中华人民共和国安全生产法》的行政法规

1.傅志寰、孙永福等：《交通强国战略研究》（第二卷），北京：人民交通出版社2019年版，第344页。
2.中共中央、国务院：《交通强国建设纲要》，北京：人民出版社2019年版，第10页。

和部门规章,规范生产经营单位安全生产主体责任、安全生产日常监管以及安全生产行政执法等方面的内容。制定有关交通运输安全生产的行业标准和国家标准,推进强制性标准的制定和实施,更好地指导行业安全生产工作。推动地方交通主管部门及时制定相关政策文件,推动地方制定地方性法规、地方政府规章和地方标准,更好地落实行业安全生产监管责任。倡导行业协会、学会、商会等社团组织制定行业标准,鼓励生产经营单位制定企业标准。推进出台与交通新技术、新业态有关的安全生产法规制度和标准规范。

(二)完善安全责任体系,强化企业主体责任,明确部门监管责任

建立企业生产经营安全责任追溯制度,落实企业主体责任。落实混合所有制企业以及跨地区、多层级和境外中资企业投资主体的安全生产责任。建立企业安全生产全过程和职业健康管理制度,做到安全责任、管理、投入、培训和应急救援"五到位"。严格事故直报制度,对瞒报、谎报、漏报、迟报事故的单位和个人依法依规追责。对被追究刑事责任的生产经营者依法实施相应的职业禁入,对事故发生负有重大责任的社会服务机构和人员依法严肃追究法律责任。[1]

制定交通运输主管部门、负有安全生产监督管理以及行政执法职责机构的安全生产权力清单和责任清单,对于交通运输

1.国家安全监管总局办公厅:《国家安全监管总局关于印发企业安全生产责任体系五落实五到位规定的通知》(安监总办〔2015〕27号),2015年3月16日。

主管部门、负有安全生产监督管理及行政执法职责的机构工作人员实行尽职照单免责、失职照单问责。严肃查处安全生产领域项目审批、行政许可、监管执法中的失职渎职和权钱交易等腐败行为。

参照《地方党政领导干部安全生产责任制规定》，细化交通运输主管部门、有关负有安全生产监督管理及行政执法职责的机构班子成员的任期安全生产责任制，细化日常工作依责尽职、发生事故依责追究的要求。

| 知识链接 |

《地方党政领导干部安全生产责任制规定》

《地方党政领导干部安全生产责任制规定》于2018年4月18日由中共中央办公厅、国务院办公厅印发，共29条，包括总则、职责、考核考察、表彰奖励、责任追究、附则等六章，适用于县级以上交通运输主管部门及其相关机构的领导干部。

（三）完善预防控制体系，有效防控系统性风险

完善预防控制工作体系。加快完善安全风险管理和隐患治理的相关标准规范，健全相关工作制度，指导督促企业定期、有效开展安全生产风险辨识、评估和管控，对重大安全生产风险实施备案管理。督促企业建立完善分级管控制度，制定落实安全操作规程，严格执行安全生产"三同时"制度，大力推进企业安全生产标准化建设，定期开展应急演练和人员避险自救培训，着力提升现场应急处置能力。

加强风险研判和科学防范。根据季节、环境、区域及运输方式等特点，科学研判确定风险区域、类别和程度，及时部署管控措施，做好信息发布和应急准备。加强对自然灾害、人为破坏等非传统安全风险的研判，结合交通运输实际采取针对性防范措施，最大限度地减少非传统安全带来的不利影响。

严格管控重特大事故风险。加强风险源头管理，严格按照国家和行业标准规范控制项目安全风险。加强对港口危险品储存区域、综合客运枢纽等区域内的安全风险的系统辨识和评估。加快建立企业安全风险评估与论证机制，合理确定企业选址和基础设施建设。建立位置相邻、行业相近、业态相似地区和行业的重大安全风险联防联控机制。构建部、省、市、县四级重大危险源信息管理体系，实行重点区域、重点企业风险预警控制，防范重特大生产安全事故。

完善隐患排查治理体系。建立交通运输企业隐患排查治理系统联网的信息平台，完善线上线下配套监管制度，实现企业自查自改自报与部门实时监控的有机统一，以信息化推进隐患排查治理能力现代化。督促企业及时排查和消除事故隐患。强化隐患排查治理监督执法，对重大隐患实行严格的挂牌督办。[1]

| 知识链接 |

什么是双重预防机制？

双重预防机制是构筑防范生产安全事故的两道防火

1.傅志寰、孙永福等：《交通强国战略研究》（第二卷），北京：人民交通出版社2019年版，第336—337页。

墙。第一道是管风险，通过定性定量的方法把风险用数值表现出来，并按等级从高到低依次划分为重大风险、较大风险、一般风险和低风险，让企业结合风险大小合理调配资源，分层分级管控不同等级的风险；第二道是治隐患，排查风险管控过程中出现的缺失、漏洞和风险控制失效环节，整治这些失效环节，动态地管控风险。安全风险分级管控和隐患排查治理共同构建起预防事故发生的双重机制，构成两道保护屏障，有效遏制重特大事故的发生。

（四）强化安全生产事故调查评估

安全生产事故调查要坚持问责与整改并重，充分发挥事故查处对提高安全生产工作的重要作用。对事故调查过程中发现有漏洞、缺陷的相关法律法规和标准制度，及时启动制定和修订工作。按照"四不放过"原则，严格事故调查处理，依法严肃追究责任单位和相关责任人的责任。推动建立行业内部相对独立监管部门的直属中央政府事故调查机构，发挥行业部门熟悉情况、掌握业务技能的优势，保障事故调查相对独立于基层监管部门和生产经营单位。[1]

| 知识链接 |

什么是"四不放过"？

"四不放过"是指对责任不落实，发生重特大事故的，

1.傅志寰、孙永福等：《交通强国战略研究》（第二卷），北京：人民交通出版社2019年版，第331页。

要严格按照事故原因未查清不放过、责任人员未处理不放过、整改措施未落实不放过、有关人员未受到教育不放过的"四不放过"原则，严肃追究有关领导和责任人的责任。"四不放过"最早出自国务院办公厅于2004年2月17日发布的《国务院办公厅关于加强安全工作的紧急通知》（国办发明电〔2004〕7号），是目前处理事故的基本原则。

（五）完善网络安全保障体系，增强科技兴安能力，加强交通信息基础设施安全保护

针对未来智能化、无人化、网联化的先进交通系统的重大需求，构建网联安全、控制可靠、网络韧性和灾后恢复的技术链条。围绕先进交通运输系统的技术发展需求，突破交通系统存在的主要技术难点，形成交通系统的韧性与可靠性技术体系和系统平台。[1]

（六）建立自然灾害交通防治体系，提高交通防灾抗灾能力

健全风、雨、雪、异物等灾害实时预警和监控体系，强化春运、暑运、黄金周等重点时段安全监管和应急值守，做好极端天气的预防、预警、防范和应急保障工作，建立交通运输系统恶劣环境和突发事件下的防护体系，保证在自然灾害情况下交通的安全。加强治安防范，防止人为破坏。推进科技信息化、

---

1. 傅志寰、孙永福等：《交通强国战略研究》（第二卷），北京：人民交通出版社2019年版，第333页。

指挥扁平化、安保实战常态化建设，加强治安、反恐斗争，提升交通安防水平。[1]

(七)加强交通安全综合治理，切实提高交通安全水平

政府主导依法构建现代治理体系。完善安全生产中长期立法计划，推进立法进程、有效实施及效果评估，增强安全生产法治建设的系统性、完备性和有效性；建立以强制性标准为主体、推荐性标准为补充的交通运输安全生产标准体系。

以企业主体落实安全生产管理责任。落实企业全员一岗双责和安全生产责任制，加强企业安全生产信用管理，积极推进交通运输企业安全生产诚信体系建设，建立企业"黑名单"制度。

加强技术驱动，突出科技提升安全的作用。研究起草科技支撑安全发展的指导意见；建立政府、企业、科研院校、社会多方参与的交通安全生产技术研发机制；积极推广科技成果转化、应用。

全社会参与，提升全民交通安全素养。加强宣传引导，鼓励和引导企业和社会力量参与到交通运输安全文化创作和推广活动中；大力实施交通运输从业人员安全素质提升工程，建立交通运输安全生产教育培训机制。[2]

---

[1] 傅志寰、孙永福等：《交通强国战略研究》(第二卷)，北京：人民交通出版社2019年版，第333页。
[2] 傅志寰、孙永福等：《交通强国战略研究》(第二卷)，北京：人民交通出版社2019年版，第330—332页。

三、强化交通应急救援能力

经过"十三五"时期的快速发展,我国交通应急体系已基本建立。一方面,交通应急保障能力有了显著提升,能够有效应对处置各类重大灾害事故。实施了高铁安全防护工程,推进了人防、物防、技防"三位一体"安全保障体系建设,集中开展了高铁沿线环境综合整治,深入推进了普速铁路安全环境整治。大力实施了乡道及以上公路安全保障工程和安全生命防护工程。加强了海上搜救和重大海上溢油应急处置,建立了政府领导、统一指挥、属地为主、专群结合、就近就便、快速高效的海上搜救工作模式。例如,2012年至2019年间,全国共组织海上搜救任务1.6万次,其中派出搜救船舶共7.2万艘次、飞机达2780架次,成功救助遇险船舶共1.1万艘、遇险人员共12.2万人,搜救成功率达到了96.2%。另一方面,应对突发公共事件处置能力有了显著提升,能够快速应对各类突发交通领域公共事件。但与交通强国建设要求相比,交通应急救援能力不强,还存在一定的"短板"。因此,必须强化交通应急救援能力。主要包括:完善交通运输应急保障体系,建立健全综合交通应急管理体制机制、法规制度和应急预案体系,加强应急救援专业装备、设施、队伍建设,积极参与国际应急救援合作,强化应急救援社会协同能力、完善征用补偿机制。[1]

1.中共中央、国务院:《交通强国建设纲要》,北京:人民出版社2019年版,第10页。

| 知识链接 |

什么是应急救援？

应急救援一般是指针对突发、具有破坏力的紧急事件采取预防、预备、响应和恢复的活动与计划。涉及交通运输突发事件的应急救援属于交通应急救援。其中交通运输突发事件，是指突然发生，造成或者可能造成交通运输设施毁损，交通运输中断、阻塞，重大船舶污染及海上溢油应急处置等，需要采取应急处置措施，疏散或者救援人员，提供应急运输保障的自然灾害、事故灾难、公共卫生事件和社会安全事件。

* 新疆阿勒泰执法支队富蕴执法大队公路巡查人员将遇险车辆拖行至安全路段（《中国交通报》，阿尔成·可克乃摄）

（一）完善交通运输应急保障体系

构建应急运输大数据中心，推动部省两级之间应急运输需求、指挥调度等信息互联共享，加强交通运输部门与公安等部门的信息共享和协调联动，提高应急响应效率。提升应急运输装备现代化、专业化和智能化水平，推动应急运输标准化、模块化和高效化。构建快速通达、衔接有力、功能适配、安全可靠的综合交通应急运输网络，建设多层级的综合运输应急装备物资和运力储备体系，统筹布局完善应急物资运输枢纽体系。建立健全行业系统安全风险和重点安全风险监测防控体系。[1]

（二）建立健全综合交通应急管理体制机制、法规制度和应急预案体系

加强综合交通应急管理体制和机制建设。加强交通运输部门与公安、安全监管、气象、海洋、国土资源、水利等部门的信息共享和协调联动，完善突发事件应急救援指挥系统。加快建设铁路、公路和民航应急救援体系。加快突发公共事件预测预警、信息报告、应急响应、恢复重建及调查评估等机制建设。[2]

加大对应急的立法支持。加强交通应急管理的法制建设，逐步形成规范交通运输类突发公共事件预防和处置工作的法律体系。制定交通运输突发事件配套法规和政策措施。

制定交通运输突发事件部门应急预案。县级以上各级交通

---

1. 交通运输部：《推进综合交通运输大数据发展行动纲要（2020—2025年）》，2019年12月9日。
2. 参阅国务院：《国务院关于印发"十三五"现代综合交通运输体系发展规划的通知》（国发〔2017〕11号），2017年2月3日。

运输主管部门应当根据本级地方人民政府和上级交通运输主管部门制定的相关突发事件应急预案，制定本部门交通运输突发事件应急预案；交通运输企业应当按照所在地交通运输主管部门制定的交通运输突发事件应急预案，制定本单位交通运输突发事件应急预案。[1]

大力推进交通重点领域的监管监察、危险货物运输信息共享、培训教育等信息化系统建设。完善信息共享机制，建立安全应急业务数据库，提高安全应急管理水平。加强交通事故分析和综合研判方面的研究，提高应急救援指挥调度与辅助决策能力。

（三）加强应急救援专业装备、设施、队伍建设

加强应急救援专业装备建设。建立健全应急装备和应急物资储备、维护、管理和调拨制度，充分利用现有的装备设施资源，合理布局、统筹规划，推进国家、省、市级交通应急装备物资储备体系建设。

加强应急救援设施建设。完善水上交通安全监管与救助布局，完善监管救助基地、站点建设，完善监管救助基地、站、点的布局和功能。继续开展危桥改造和渡口改造、渡改桥工程、救生衣行动。加快安全监管应急救援船舶、飞机、基地和长江干线监管救助和抢险打捞能力建设。[2]

---

[1] 交通运输部：《交通运输突发事件应急管理规定》（中华人民共和国交通运输部令2011年第9号）。
[2] 傅志寰、孙永福等：《交通强国战略研究》（第二卷），北京：人民交通出版社2019年版，第337页。

*2021年7月,河南新乡,中交养护集团救援队帮助防汛救灾物资车通过(《中国交通部》,欧阳献沅摄)

加强专业应急救援队伍建设。统筹规划交通运输专业应急救援队伍的数量、规模和分布,建立基础数据库。提高综合和专业队伍救援效能,引导规范社会应急力量,搭建政府与社会应急力量互动交流平台,指导社会救援力量开展专业性训练;加强专家队伍建设,充分发挥专家的技术支撑作用。

(四)积极参与国际应急救援合作

构建常态化应急联动机制,打造海上人类命运共同体。充分利用国际海上人命救助联盟搭建的平台,加强信息交流和搜救合作,增强安全保障措施和应急处置能力,提高事故的防范能力和救助的及时性、有效性。

着力构建"一带一路"沿线海上应急救助打捞保障合作机制。中国救捞将建立国际海上应急救捞队,努力实现24小时全球海上应急救捞力量投送。

着力提升高海况条件下大规模人员遇险应急救助能力、深远海搜寻扫测定位打捞能力、大吨位沉船快速整体打捞能力和大面积海上溢油和沉船存油泄漏及危化品污染应急处置能力。

进一步建立健全海上救捞双边多边交流合作机制，加强理念、信息、技术、装备及人才的共商、共建、共享。积极参与国际重大救援行动，为中国政府履行相关国际公约以及双边协定作出贡献。

<拓展阅读>

广州打捞局赴马来西亚应急救援队：千万里，只为你

2019年3月初，交通运输部救助打捞局向国际海事组织递交了广州打捞局赴马来西亚应急救援队"海上特别勇敢奖"提名材料。在对马来西亚"荣昌8"轮的搜救中，这支15人组成的救援队先后分两次紧急出发，与时间赛跑、与死神角力，克服重重困难，冒着生命危险，从倒扣的遇险船中成功救出两人，打捞出一具遗体，创造了中国救捞史上幸存者被困55小时后获救生还的奇迹，得到马来西亚政府、中国驻马来西亚大使馆和交通运输部领导的高度肯定和赞扬。

（五）强化应急救援社会协同能力、完善征用补偿机制

建立专家咨询制度，聘请专家或者专业机构，为交通运输突发事件应对活动提供相关意见和支持；开展交通运输行业从业人员救援能力专业培训；充分发挥传统媒体和微信、微博等新媒体的宣传教育作用，鼓励开发制作电视专题片、公开课、

微视频、公益广告、动漫游戏等，增强应急科普宣教的知识性、趣味性、交互性，提高公众安全应急文化素质。

鼓励发展社会化应急救援。支持专业化社会应急救援力量发展，鼓励专业社会工作者和企业自建的应急救援队伍提供社会化救援有偿服务；完善政府与社会救援力量的协同机制，通过政府购买服务、与企业签订"服务协议"、搭建协作服务平台等形式，支持引导社会力量有序有效参与应急救援行动。

鼓励发展应急管理社会中介服务。建立由行业协会、安全评估机构、技术咨询机构、保险机构等共同参与的社会中介服务体系，支持其开展风险评估、隐患监测治理、管理咨询、应急检测检验、教育培训等活动；支持创办专业化应急管理服务企业。

鼓励志愿者参与交通运输突发事件应对活动。加强应急志愿服务法规制度建设，明确应急志愿服务范围和权利义务；健全志愿者和志愿服务组织参与应急的工作机制，完善志愿者招募、注册、技能培训与管理，引导志愿者和志愿服务组织有序参与应急救援与服务；鼓励发展专业性应急志愿者队伍。

建立健全应急响应社会动员机制，发挥社会公众在信息报告和协助救援等方面的作用，引导社会公众有序参与重特大突发事件应急救援行动。[1]

﹤拓展阅读﹥

湖南省郴州市列车脱轨侧翻事故救援

2020年3月30日11时40分，湖南省郴州市永兴

1.国务院办公厅：《国家突发事件应急体系建设"十三五"规划》，2017年1月12日。

县境内京广线马田墟至栖凤渡站下行K1855+778处发生塌方，T179次（济南—广州）旅客列车行驶至该处时撞上滑塌体脱轨。机车及机后第1至8位车辆脱轨，其中机后第1位脱轨颠覆起火。事故发生后，交通运输部、国家铁路局、应急管理部、国铁集团等组成联合工作组赶赴现场，指导开展应急处置工作。当地迅速组织消防救援队伍147名指战员、28辆消防车和铁路救援力量到场处置。救援人员成立2个灭火攻坚组、4个破拆救人组，迅速出枪灭火，及时疏散抢救人员，对每节车厢进行三轮搜救。经过全力奋战，搜救和疏散128名人员，妥善转运525名旅客，明火于3月30日13时50分被扑灭，铁路于3月31日9时48分恢复运行。

这次事故成功救援经验是：迅速启动应急响应机制，第一时间调集联动部门赶往现场处置。针对现场火势发展和人员被困情况，及时组织开展救人、破拆和灭火行动，全力营救被困人员，有效扑灭火灾。各救援力量按照救人控火、伤员救治、铁路排险等重点救援任务，各司其职、分工协作，提高了综合救援能力。

第 7 章

绿色优先

——实现交通运输可持续发展

坚持生态优先，实现绿色低碳。建立绿色低碳发展的经济体系，促进经济社会发展全面绿色转型，才是实现可持续发展的长久之策。要加快形成绿色低碳交通运输方式，加强绿色基础设施建设，推广新能源、智能化、数字化、轻量化交通装备，鼓励引导绿色出行，让交通更加环保、出行更加低碳。

——国家主席习近平在第二届联合国全球可持续交通大会开幕式上的主旨讲话（2021年10月14日）

第⑦章　→ 绿色优先——实现交通运输可持续发展

党的十九大报告提出，必须树立和践行绿水青山就是金山银山的理念，坚持节约资源和保护环境的基本国策。党的十九届五中全会强调，推动绿色发展，促进人与自然和谐共生。《交通强国建设纲要》《国家综合立体交通网规划纲要》将绿色交通作为主要发展目标和重要建设内容。立足新发展阶段，贯彻新发展理念，交通运输绿色发展面临新的形势和机遇，要按照"生态优先，绿色发展"的总要求，重点强化生态保护与修复，削减污染排放总量，促进资源节约集约利用，注重节能和低碳发展，不断提升交通运输绿色发展水平。

一、促进资源节约集约利用

交通运输是资源密集型行业，对生态环境影响较大，是国家能源消费和温室气体排放的主要来源，庞大的交通运输网络和迅速增长的运输活动与有限的资源环境产生的矛盾亟待协调。在推进生态文明建设进程中，交通运输行业要勇于担责、率先作为，促进资源节约集约利用，坚持绿色优先，构建良性循环的交通生态。

（一）加强资源节约集约利用，提升使用效率

1. 土地资源

节约集约用地，尽量不占或少占耕地，建设用地尽力提高投入产出比例，提升土地利用。合理采用整合、置换和储备方式，科学安排土地投放数量和节奏。不断改善建设用地结构和布局，挖掘潜力，增强土地配置，提高使用效率。

交通建设节约土地资源，重在规划前严格审查规划用地标准。统筹集约利用综合运输线位、运输枢纽、跨江跨海通道等资源。不断提高节约土地资源的设计和技术，提升交通建设用地效率。

实施土地复垦，盘活存量潜力。交通运输建设项目要尽量做到土地复垦与生产建设同时设计与施工。被破坏的土地有些复垦为农耕地，用于农业、林业、畜牧业和渔业等方面；确实无法复垦为农耕地，需依法复垦为非农建设用地。

<拓展阅读>

  云南小磨高速公路生态环保、绿色美丽

  云南小磨高速公路以既有工程利用和废旧资源回用为前提，使旧路新生、变废为宝、路景相宜，最大限度地保护、最低程度地损坏、最大限度利用原有资源，通过科技手段达到工程建设与自然生态高度和谐，是一条资源节约集约

* 云南省香（格里拉）丽（江）高速公路全线投运（《中国交通报》，陈唯供图）

利用、生态环保、绿色交通的美丽高速公路。

2.海域及无居民海岛、岸线资源

我国是一个海洋大国,拥有大陆海岸线1.8万公里,海域面积约300万平方公里。节约集约使用海域资源,要加强海域资源科学配置管理,重点保障国家重点建设项目、国防建设项目、公益事业和国家重点支持产业等用海。强化规范和标准建设,明确用海项目的投资强度、容积率、海域利用率、岸线利用率等,控制交通项目的用海面积和占用岸线长度。对用海域交通项目进行科学论证,明确每个项目的用海必要性和合理性,保证海域资源得到集约节约利用。

加强海岸线节约利用,完善管理机制,加强分类保护;促进岸线资源节约集约利用,实施整治修复,强化监管督察。有序开发岸线资源,促进集约化、现代化和专业化港区建设,不断提高岸线资源使用效率。

<拓展阅读>

江苏省沿海海域生态管控、绿色文明

江苏省海域和海岛综合管理紧紧围绕建设海洋强省总目标,严格管控围填海,全面深化"放管服",海域和海岛综合管理水平显著提升。以生态保护优先和资源合理利用为导向,合理确定养殖用海标准,完善市场化配置方式,全面实施海域有偿使用制度。坚持以海定需、量海而行,禁止不合理需求用海,科学高效配置海域资源。坚持生态文明建设理念,坚持海陆统筹、区域联动,积极建设基于生态系统的海洋综合管理新模式。

* 连云港港开展首单进口粮食"水转水"业务（《中国交通报》）

3.空域资源

集约利用空域，需要政策、体制、管理、运行、技术等多方面的规划和统筹，完善相关法律政策，推进体制改革。制定符合要求的法规、政策，合理规划、统筹发展，实行标准化管理。

优化航线结构，建立辅助航线。完善飞行航线，让主干航线与辅助航线各尽其能，提升应急处理措施，提升飞行活动的安全性。同时优化机场布局，科学利用空域。

加快技术发展，节约集约使用空域资源。不断完善管理设备、应用技术及运行机制的先进性，采用动态管理，实现科学规划，提升空域资源的合理使用效率，提高空域资源共享率。

<拓展阅读>

海南低空空域精细化管理、高效集约

海南推动低空空域管理改革，建成我国首个覆盖省域低空飞行服务保障体系，促使通航飞行业务量大幅提升。海南将低空飞行量最大的三亚市作为深化试点区域，进一步探索创新形成"自主飞行试验区＋'一站式'飞行服务系统＋塔台飞行服务席"三位一体的低空保障模式。通过实施低空空域管理改革，实现空域精细化分层管理，推动海南低空空域高效集约使用；社会保障能力由海陆两栖升级到海陆空三栖，极大提升了自贸港在航空应急救援、航空医疗转运、航空渔业飞行等社会保障能力和应急反应能力。

* 海南自贸港首架"零关税"飞机（《中国交通报》，郭程摄）

（二）加强老旧设施更新利用

交通基础设施规模庞大，且都有一定的使用周期。重视更新利用老旧设施，变废为宝、以旧换新，具有重要意义和实际价值。

对老旧设施更新利用，需要加强技术开发，用先进的技术实现资源再循环再利用。完善相关法规建设，制定技术与产品评估标准，制定经济性奖励等政策，加强技术推广和资源再利用。统筹制定和完善财政、税收、价格等政策，鼓励开展老旧设施更新利用。健全交通基础设施资产管理理念，不断完善交通基础设施全生命周期管理，加快数字化、智能化建设，不断推动交通基础设施建设和管理提质增效。

（三）推广施工材料、废旧材料综合利用

通过政策、经济、技术等手段，推进施工材料、废旧材料再生和综合利用，促进高值化、规模化、集约化发展。强化政府对施工材料、废旧材料再生和综合利用的引导支持作用，实现企业为主体、市场为导向的技术创新体系，营造有利于资源综合利用的制度环境。

我国对固体废物执行的技术政策是减量化、无害化、资源化。粉煤灰、煤矸石、矿渣、废旧轮胎等废料的综合利用，目前采用更多的是加工再利用的处理方式，以无害化技术为主。今后需要更加注重综合利用，在废物进入环境前，就加以回收利用。

＜拓展阅读＞

北京吉通轮胎翻修利用有限公司综合利用废旧轮胎

北京吉通轮胎翻修利用有限公司是首批工业和信息化部废轮胎综合利用行业准入公告企业之一，主要从事旧轮胎翻新业务，以翻新卡、客车轮胎为主，产品主要应用于城市公交车辆和货物运输车辆。2019年共翻新轮胎3万标准折算条。吉通公司不断优化升级技术装备，重视生产过程和产品质量管控，有效提高了轮胎翻新质量、环保水平和资源循环利用效率。

开展疏浚土、建筑垃圾等在交通基础设施建设运营中的无害化处理与利用。疏浚土、建筑垃圾等与其他城市垃圾比，无毒无害、量大、可资源化率高。建筑垃圾主要有土、渣土、混凝土等，目前绝大部分露天存放、填埋。这些垃圾能够综合利用的需要对其进行综合利用，不能综合利用的需要进行无害化处理。

（四）推进邮件快件包装绿色化、减量化

大幅提升环保包装材料应用比例，提高环保塑料包装袋和封装胶带使用比例，促进实现绿色化包装。实施科学的监督考核体系，对采用绿色化包装材料的企业和邮（快）件包装分类回收利用工作从政策方面给予大力支持，鼓励企业实现绿色配送，鼓励采用节水、节电、节材的分拣设施和技术装备等。

加大邮件快件集约运转力度，推行节约简约包装，逐步推进减量化。实现电子运单使用基本全覆盖，促进降低二次包装。推广循环中转，坚持包装废弃物回收再利用。大力支持共享快递盒、回收纸盒、可循环中转袋、可生物降解快递袋和封装胶带的应用，坚决淘汰重金属和特定物质超标的包装材料。

| 知识链接 |

邮政业塑料污染治理有关规定

《中华人民共和国固体废物污染环境防治法》《邮政业寄递安全监督管理办法》等法规规定了塑料包装治理有关

内容。根据国家塑料污染治理工作部署，北京、上海、江苏、浙江、福建、广东六省（市）邮政快递网点要在2022年年底前禁止使用不可降解的塑料包装袋、一次性塑料编织袋等，降低不可降解的塑料胶带使用量，2025年年底前在全行业实施。

（五）提高资源再利用和循环利用水平

提高资源再利用、产业废弃物的综合利用、再制造和再生资源回收利用，使资源通过有效的方式重新转变为可以再利用的资源，降低交通行业发展对资源的依赖和对生态环境的影响，使交通运输实现有序、健康可持续发展。

近年来，我国交通行业资源循环利用工作取得了一定进展，但仍然有许多不足之处。能耗、物耗水平比较高，资源利用方式比较粗放，废弃资源主要品种回收率与发达国家相比还存在较大差距，排污权、碳排放权、用能权、用水权等方面制度不健全，资源保护方面管理不到位，资源产权纠纷、资源滥用、资源闲置等方面还没有很好改善。针对资源循环利用产业存在的问题，需要进一步提高认识，制定目标，加强能耗、物耗科学管理，大力发展循环经济，不断创新技术支撑资源全面节约与循环利用，完善相关政策与标准等工作。

二、强化节能减排和污染防治

交通运输领域是能源消耗重点领域，也是节能减排和污染防治可以大有作为的重点领域。近年来，我国交通节能减排成效显著，绿色交通标准体系逐步健全，运输通道、枢纽、装备等资源集约利用效果得到提高，新能源和清洁能源运输工具大量增加，公共自行车领域发展迅速。但与此同时，我国交通领域节能减排和污染防治仍然存在许多问题，需要进一步加强节能减排，加大污染防治力度。

| 知识链接 |

《2030年前碳达峰行动方案》——交通运输绿色低碳行动

2021年10月26日，国务院印发《2030年前碳达峰行动方案》（以下简称《方案》）。《方案》围绕贯彻落实党中央、国务院关于碳达峰碳中和的重大战略决策，按照《中共中央 国务院关于完整准确全面贯彻新发展理念做好碳达峰碳中和工作的意见》工作要求，聚焦2030年前碳达峰目标，对推进碳达峰工作作出总体部署。

《方案》重点实施"碳达峰十大行动"，在交通运输绿色低碳行动方面，要求加快形成绿色低碳运输方式，确保交通运输领域碳排放增长保持在合理区间。

推动运输工具装备低碳转型。到2030年，当年新增新能源、清洁能源动力的交通工具比例达到40%左右，营运交通工具单位换算周转量碳排放强度比2020年下降9.5%左右，国家铁路单位换算周转量综合能耗比2020年下降10%。陆路交通运输石油消费力争2030年前达到峰值。

构建绿色高效交通运输体系。到2030年，城区常住人口100万以上的城市绿色出行比例不低于70%。

加快绿色交通基础设施建设。到2030年，民用运输

建设 交通 ————→ 强国

机场场内车辆装备等力争全面实现电动化。

(一) 优化交通能源结构

减少柴油、汽油等污染量大的能源使用比例，增加风能、电能、太阳能等新能源和清洁能源在交通能源使用结构中的比例。加快建设智能电网，尽快提高新能源占比，推进能源清洁化、低碳化，加快培育和研发非常规能源。

＜拓展阅读＞

首台抗台风型漂浮式风电机组成功安装

2021年7月13日，交通运输部广州打捞局在广东阳江海域成功安装首台抗台风型漂浮式海上风电机组。漂浮式海上风电被认为是未来深远海海上风电开发的关键技术，可

* 全球首台抗台风型漂浮式海上风电机组在广东阳江安装成功（《中国交通报》，纪海升摄）

保证在不影响近岸渔业、养殖业、通航及其他相关产业活动的同时获取深远海域稳定优质风电资源。该项目位于三峡广东阳江阳西沙扒三期400兆瓦海上风电场项目A1区场址内，平台搭载的风电机组最高可抗17级台风，单机容量5500千瓦，每小时满发电量可达5500千瓦时，每年可为3万户家庭提供绿色清洁能源。该风电机组的成功安装，为我国未来深远海风电规模化开发奠定了良好基础。

推动交通运输装备节能减排等相关技术的研发及推广应用，推广应用新能源和清洁能源汽车，提升清洁能源和新能源在基础设施建设中的应用比例，推动基础设施建设与新能源产业的融合发展。研究无线充电公交车车道等基础设施建设，研究开展以太阳能开发利用为主的清洁能源公路建设试点。

（二）促进公路货运节能减排

严格执行车辆准入要求，将燃油消耗量作为准入必要指标，严格限制高耗能车辆进入道路运输市场，推动发展绿色货运，发展公共交通物流和共同配送（城市绿色物流），建设城市绿色物流体系。打好柴油货车污染治理攻坚战，开展绿色出行行动，倡导绿色低碳出行理念，统筹油、路、车综合治理，有效降低公路运输大气污染。

| 知识链接 |

发展公路甩挂运输，促进行业节能减排

为提升货运物流组织效率，促进行业节能减排，自

2010年开始，交通运输部联合国家发展改革委、财政部在全国开展了公路甩挂运输试点工作，制定发布了《道路甩挂运输标准化导则》《道路甩挂运输车辆技术条件》《厢式挂车技术条件》《货运挂车系列型谱》等一系列标准，建立了公路甩挂运输推荐车型制度，将符合相关技术标准、满足拖挂匹配互换条件以及车辆整备质量要求的集装箱运输半挂车、厢式运输半挂车纳入推荐车型范围，并给予一定的资金补助。公路甩挂运输试点工作开展以来，交通运输部发布了三批共144种甩挂运输推荐车型，有效地促进了轻量化、节能环保的甩挂运输车辆在道路货运行业的推广应用。

* 国六货车的推广应用有利于促进道路货运行业节能减排（《中国交通报》，陈一萱供图）

（三）推动城市公共交通工具和城市物流配送车辆全部实现电动化、新能源化和清洁化

财政资金购买的公交车、公务用车及市政、环卫等车辆优

第⑦章　→ 绿色优先——实现交通运输可持续发展

先选用新能源车，建成区公交车逐步更新为新能源汽车，公交、出租、环卫、邮政、市内货运等行业新增车辆争取实现电动化和新能源汽车全覆盖。加强燃料电池汽车的研究，推动新能源汽车"换道超车"。在充（换）电装置、电力输送、废旧电池回收再利用等方面做好相应配套工作。

<拓展阅读>

重庆建成绿色循环低碳交通运输体系

重庆市围绕建设绿色循环低碳交通基础设施、推广绿色循环低碳型交通运输装备、优化运输模式及操作方法、提升信息化技术水平、健全交通碳排放管理体系，建成绿色循环低碳交通运输体系。在低碳交通运输装备领域，主城区清洁能源公交车辆占比达到99.3%，清洁能源出租车

* 重庆首条自动驾驶"云巴"示范线在璧山区开通运营（《中国交通报》，曾青龙供图）

占比100%，CNG（压缩天然气）公交车、CNG出租车已全面覆盖38个区县，内河船型标准化率达到75%。

大力推进新能源汽车在物流领域的应用，从政策方面大力支持新能源车辆的使用，积极创新支持的方式方法，加大承担物流配送的新能源车辆优惠通行、优惠停车的便利政策，不断增加新能源汽车在物流领域的使用比例。

（四）打好柴油货车污染治理攻坚战

2018年12月底，经国务院同意，生态环境部、财政部和交通运输部等11个部门出台了《关于印发〈柴油货车污染治理攻坚战行动计划〉的通知》（环大气〔2018〕179号），明确要求各地要制订老旧柴油货车和燃气车淘汰更新目标及实施计划，采取经济补偿、限制使用、加强监管执法等措施，促进加快淘汰国三及以下排放标准的柴油货车、采用稀薄燃烧技术或"油改气"的老旧燃气车辆。

各地认真落实通知要求，不断加强柴油货车污染治理，努力提高柴油货车排放达标率，柴油和车用尿素质量得到很大改善，柴油货车氮氧化物和颗粒物排放总量显著降低，重点区域城市空气二氧化氮浓度明显下降，机动车排放监管能力和水平大幅提升，清洁低碳、绿色环保的交通运输体系已经初步形成。

（五）严格执行国家和地方污染物控制标准及船舶排放区要求

严格执行船舶排放控制区的要求，着力淘汰高耗能、高排放的老旧运输船舶，防治危化品泄漏，大力建设水上洗舱站设施，不断推动码头油气回收治理，加快实施船舶污染物的接收、转运及处置，创新研发大型溢油回收船。

<拓展阅读>

浙江在册内河货船完成生活污水柜改造

截至2020年9月，浙江已全面实现内河船舶污染物接收设施"全覆盖"、内河船舶垃圾"全接收"、油污水"零排放"，生活污水接收量大幅上升。全省在册的5792艘内河货船已全部完成生活污水柜改造，成为长三角区域首个完成此项工作的省份。初步实现内河船舶污染物接收、转运、处置"闭环管理"，内河船舶和港口污染防治工作取得阶段性成果。

（六）降低交通沿线噪声、振动

交通噪声污染主要来源包括飞机起降、船舶及高速铁路运行等，以铁路为例，据中国科学院声学研究所测量表明，当铁路列车以300公里左右的时速通过时，其产生的噪声平均值一般为80分贝（复兴号的试验数据为91分贝），对于长期生活在高速铁路沿线的居民可能会造成一定程度的听力损伤、影响睡眠、降低工作质量、引起身体不适等生理反应。

降低交通沿线噪声、振动等对周边群众造成的严重危害，切实采取有效措施，在铁路沿线、机场周围区域划定噪声敏感建筑物禁止建设区域和限制建设区域。采取技术手段和具体管理措施，严格控制交通沿线噪声对周边地区的影响。

（七）倡导绿色低碳出行理念

强化公民的环保意识，引导广大交通参与者做到绿色、文明出行，形成绿色健康、低碳环保的生活方式和消费模式。加强法律法规宣传解读、政策引导、补贴鼓励，建立绿色交通文化，做好倡导、宣传和教育。充分利用行业载体，在公路沿线、客货场站、港口码头、收费站、服务区等场所悬挂交通节能环保条幅标语，发放宣传单和可降解垃圾袋，利用车船媒体滚动播放绿色交通宣传内容，积极倡导公众绿色出行。

＜拓展阅读＞

全国首单PCER（北京认证自愿减排量）碳交易协议

2021年9月4日，在中国国际服务贸易交易会供应链及商务服务专题—运输服务板块"碳中和与交通运输可持续发展论坛"上，北京建工旗下市政路桥建材集团与阿里巴巴旗下高德地图正式签订全国首单PCER（北京认证自愿减排量）碳交易协议。本次交易的PCER碳指标是由市民采用公交、地铁、自行车、步行等绿色出行方式出行时，应用相关地图App进行路径规划及导航，出行结束后经过一系列方法学所计算减少的碳排放量。这些碳减排量到达一定规模后，地图App厂商作为绿色出行碳交易代表将汇集的碳指标报主管部门审核，随后进行交易，交易所得金额全部返还用户，实现碳普惠的同时鼓励市民全方式参与绿色出行。

本次签约涉及1.5万吨PCER碳交易，是全国首个全方式绿色出行碳普惠减排量交易，标志着国内绿色出行碳激励机制形成闭环。

（八）加大交通污染监测和综合治理力度

根据《中华人民共和国环境保护法》《中华人民共和国大气污染防治法》《中华人民共和国水污染防治法》等法律法规，交通运输主管部门负有行业环境保护、行业大气污染防治监督管理职责，海事管理机构对船舶污染水域的防治负有监管监测职责。对交通污染源做跟踪监测和后评价，推进交通大气、水污染物排放监测工作，建立交通运输能耗统计检测平台，完善交通运输能耗统计指标体系，健全科学污染监测制度。切实推进交通污染综合治理，全面坚持做好柴油货车污染治理、船舶污染防治、港口设施污染防治、路域环境污染治理综合治理，持续做好铁路运输、民航运输对环境造成污染进行的综合治理。

（九）优化调整运输结构

交通运输结构优化调整、体系高效衔接能够促进交通节能减排。要优化布局综合交通枢纽集群、综合交通枢纽城市、综合交通枢纽港站，为各交通方式衔接转换奠定基础。推动综合交通枢纽统一规划、统一设计、统一建设、协同管理，提升客货运枢纽衔接转换效率。持续推动大宗货物运输"公转铁""公转水"，大力支持港口集疏运铁路、物流园区和大型工矿企业铁路专用线建设，完善枢纽集疏运体系建设，构建多式联运综合运输服务体系，降低单位运输周转量能耗和二氧化碳排放量。

一、强化交通生态环境保护修复

为实现我国"2030年前碳排放达峰""努力争取2060年前碳中和"等目标,《交通强国建设纲要》《国家综合立体交通网规划纲要》提出交通运输发展必须处理好与生态保护修复之间的关系。推动从源头上保护生态环境,强化交通生态环境保护修复工作,加强交通污染监测和综合治理力度,构建生态化交通网络。

(一)严格落实生态保护和水土保持措施

1.严守生态保护红线

强化交通运输部门与自然资源、林业草原、生态环境等部门的沟通协调,着力解决交通基础设施与生态红线矛盾问题。截至2020年底,全国各类自然保护地合计占国土面积约18%,加上其他生态重要区域,纳入生态保护红线面积占国土面积约30%。要通过优化交通建设布局避让核心保护区,较难避让的需在下层规划或工程方案中实施空间调整,采取地下或空中穿越等低影响工程形式。

| 知识链接 |

生态保护红线

生态保护红线指在生态空间范围内具有特殊重要生态功能、必须强制性严格保护的区域,是保障和维护国家生态安全的底线和生命线,通常包括具有重要水源涵养、生物多样性维护、水土保持、防风固沙、海岸生态稳定等功能的生态功能重要区域,以及水土流失、土地沙化、石漠化、盐渍化等生态环境敏感脆弱区域。

2.严格实施生态修复

对于造成一定程度生态破坏的交通运输基础设施，需进一步修复生态环境。在高寒高海拔、水源涵养生态功能区、水土流失重点治理区的国省道改扩建项目，推进公路边坡和取弃土场植被恢复。针对涉及自然保护区世界自然文化遗产、风景名胜区的国省道改扩建项目，推进路域沿线生态改善和景观升级。

3.贯彻生态环保理念

将生态环保理念贯穿交通基础设施的规划、建设、运营和养护的全过程，力求尽量减少对自然保护区等生态敏感区域的切割影响。严格落实生态保护和水土保持各项要求，大力加强植被保护与修复，不断研发保护生态工程的技术，全方位降低交通基础设施对陆域、水生动植物及其生境的影响。贯彻生态保护理念，推进生态友好型公路、港口、航道等交通基础设施的建设。

（二）推进生态选线选址

严格执行国家和部省生态保护相关政策，进一步落实规划环境影响评价决策机制，以资源环境承载力为前提，推进生态选线选址，依法主动绕避自然保护区、饮用水水源保护区等自然环境敏感区，避让基本农田，禁止耕地超占，减少土地分割。

交通建设项目应确保生态环保相关各项行政审批或备案手续齐备，坚决杜绝未批先建违法行为。在项目设计中，全面推行生态选线和绿色设计，按照环评、水保报告的批复意见，严格落实环保相关措施和要求。

（三）实施交通生态修复提升工程

公路、铁路、港口、航道等交通基础设施可能主要影响陆生及水生生态系统，加深生态阻隔和景观破碎，影响重要生境和物种。实施交通生态修复提升工程，旨在使交通基础设施建设的生态影响降至最低，构建生态化交通网络，实施生态补偿机制，实现生态环保理念。

＜拓展阅读＞

长江航道整治和维护的绿色发展之路

长江中游荆江段航道整治工程在"固滩稳槽"实施治理的同时，坚持航道整治与生态修复相结合，边整治边修复，及时消除对环境造成的影响。

长江"645"工程武汉至安庆段 6 米水深航道整治设计中，不仅有固滩护岸等工程措施，还有湿地营造等生态

＊长江三峡游轮（《中国交通报》，殷黎摄）

修复措施。水生物保护措施，生态护岸护滩，三维土工网垫、生态鱼巢砖、透水丁坝等生态航道建设新技术均在长江航道整治工程中得到应用。

（四）建设绿色交通廊道

绿色交通廊道是指沿着公路、铁路、航道沿线布置的绿色廊道，是重要的生态廊道和自然环境，是建设生态网络空间和构筑绿色生态安全屏障的重要环节，是促进生态文明建设的重要内容。以增绿扩量、森林提质、生态修复为绿色交通廊道建设的重点，以构建完整的生态系统为绿色交通廊道建设的目标，减少交通建设对原有生态系统的破坏，提升生态环境的质量和稳定性，增强生物多样性保护和绿色生态建设。

建设绿色交通廊道，还需要加强保护廊道沿线范围内的自然保护地、历史文化名镇（村）等重要生态功能区和历史文化资源，并进行科学规划和利用，实施以保护和自然修复为主、人工修复为辅的生态修复原则，加强交通廊道与重要生态功能区的有机联系，因地制宜建设舒适怡人的优美生态环境，充分发挥绿色交通廊道的整体生态效益和可持续发展能力。

<拓展阅读>

福建平潭北部绿色交通生态廊道路入景中、景显路美

福建平潭北部绿色交通生态廊道依山就势、临海借景，在山海之间将长江澳、南岛语族及壳丘头遗址、石牌洋景区等自然景观和沿途遗迹及人文资源"串珠成链"，步步皆景、处处如画，成了平潭人文历史与艺术的展示窗口。

这条"绿色交通长廊"依托当地海洋性气候条件，利用太阳能、风能等清洁能源，隧道 LED 节能照明、自反光和太阳能道钉、防腐蚀新材料等低碳节能措施让这条海岛公路更加"绿"意盎然。实现集约节约、路地和谐、节能高效，推动绿色交通廊道可持续健康发展。2021 年 5 月，它入围交通运输部 2020 年度"我家门口那条路——最具人气的路"榜单。

* 平潭环岛路（《中国交通报》）

第 8 章

开放共赢

——建立全面开放新格局、打造国际合作朋友圈

中国将继续高举真正的多边主义旗帜，坚持与世界相交，与时代相通，在实现自身发展的同时，为全球发展作出更大贡献。

中国构建更高水平开放型经济新体制的方向不会变，促进贸易和投资自由化便利化的决心不会变。中国开放的大门只会越开越大，永远不会关上！

中国将继续推进高质量共建"一带一路"，加强同各国基础设施互联互通，加快建设绿色丝绸之路和数字丝绸之路。

——国家主席习近平在第二届联合国全球可持续交通大会开幕式上的主旨讲话（2021年10月14日）

第 8 章　→ 开放共赢——建立全面开放新格局、打造国际合作朋友圈

当今世界正处于大发展大变革大调整时期，我们要具备战略眼光，树立全球视野，既要有风险忧患意识，又要有历史机遇意识，努力在这场百年未有之大变局中把握航向。共建"一带一路"不是中国一家的独奏，而是共建国家的合唱。我们欢迎各国参与共建"一带一路"。

一、构建互联互通、面向全球的交通网络

共建"一带一路"，关键是互联互通。互联互通是一条脚下之路，不论是公路、铁路、航路还是网络，路通到哪里，我们的合作就在哪里。

（一）推进基础设施互联互通

基础设施是互联互通的基石，也是许多国家发展过程中面临的瓶颈。中国以绘制"工笔画"的精神，本着共商、共建、共享的原则，将交通基础设施建设有机融于"一带一路"总体框架之中，加大口岸基础设施建设力度，聚焦关键通道、关键城市、关键项目，推进公路、铁路、水运、民航和邮政快递基础设施的关键节点和重点工程，提升道路通达水平，惠及沿线国家经济发展与民生福祉，构建"天涯若比邻"全球互联互通伙伴关系。

近年来，亚吉铁路开通运营，马尔代夫中马友谊大桥竣工，以色列海法新港正式开港，巴基斯坦最大水电站首台机组实现并网发电，为当地民众带去实实在在的好处，也为沿线国家乃至世界经济作出贡献。

建设 交通 ⸺⸺→ 强国

　　同时，中国以六大国际经济合作走廊建设为重点，积极参与国际通道建设合作。把"丝绸之路经济带"同俄罗斯"欧亚经济联盟"、蒙古国"草原之路"倡议进行对接，加强公路、铁路等互联互通建设，促进过境运输合作，推动中巴经济走廊建设向充实、拓展、高质量发展的新阶段迈进，参与中国—南亚孟中印缅国际铁路通道建设，与沿线南亚铁路网对接，提升南亚印度洋方向国际运输的通达性和便利性。

　　＜拓展阅读＞

以色列海法新港

　　2021年9月1日当地时间下午5时5分，上港集团以色列海法新港码头顺利投入运营。海法新港是以色列60年来迎来的首个新码头，这也是我国企业首次向发达国家输出"智慧港口"先进科技和管理经验，将为"一带一路"建设画下浓墨重彩的一笔。

＊ 以色列海法新港（《中国交通报》，韩菁供图）

海法港位于以色列重要的港口城市——海法市，是"一带一路"沿线重要的节点港口，在国际航运版图中占有重要地位。该项目是迄今为止地中海沿岸最先进、最绿色、建设速度最快的码头，将推动上海港加强与"海上丝绸之路"各港口之间的业务联系，成为进出欧洲市场的重要贸易通道。

（二）提高海运、民航的全球连接度

万里丝路，连通东西，跨越古今。"海上丝绸之路"为我国与"一带一路"沿线国家交流合作提供了有力保障。要加强"海上丝绸之路"支点建设，与相关国家重点城市合作开发建设若干重要港口，形成覆盖全球的国际航线网络。

要建成世界一流的国际航运中心，吸引船舶靠泊停留，逐步培育服务航运物流活动的信息、贸易、金融、保险、咨询等增值业务，建成以服务全国为起步、服务"一带一路"沿线国家为重点、最终服务面向国际的中国特色国际航运中心。

| 知识链接 |

国际航运中心

国际航运中心是指拥有航线稠密的集装箱枢纽港、深水航道、集疏运网络等硬体设施，并拥有为航运业服务的金融、贸易、信息等软体功能的国际性港口城市。国际航运中心支撑的不仅是全球性的航运业，更重要的是支撑航运业的强大的现代物流体系，形成集增值服务、加工服务、多式联运集疏运服务、门到门服务、信息服务等强大的服务体系。

"海上丝绸之路"建设稳步推进,"空中丝绸之路"又为"一带一路"建设增添了新亮点。我国与"一带一路"沿线国家航线航班密度不断加大,与45个沿线国家实现直航,架起安全、快捷、高效的空中桥梁。要继续开辟国际航线,进一步加强与"一带一路"沿线国家的航空运输联系,使"一带一路"不仅连接大陆与海洋,还架起新的空中桥梁。

(三)拓展国际物流,打造陆海新通道

随着电子商务和快递业的蓬勃发展,国际寄递物流实现了快速发展,高效能的国际寄递物流体系,可以更好地挖掘利用全球资源和市场,积极带动"一带一路"框架下的国际交流合作。

2020年9月21日,国务院办公厅发布《关于以新业态新模式引领新型消费加快发展的意见》,其中提及要加快建设国际寄递物流服务体系,统筹推进国际物流供应链建设,开拓国际市场特别是"一带一路"沿线业务,培育一批具有全球资源配置能力的国际一流平台企业和物流供应链企业。国家邮政局开启了两项工程:"快递进厂""快递出海",其中快递出海工程将聚焦国际物流寄递关键环节不可控等"卡脖子"问题,建立面向全球的寄递物流服务体系,多方式拓展国际服务网络,助力提升国家整体竞争力。

国家政策也为商业公司的业务拓展提供机遇和助力赋能。2020年,受新冠肺炎疫情影响,中国快递出海能力受到了极大的考验,同时也提供了巨大的发展空间。2020年全年快递服务企业业务量完成833.6亿件,同比增长31.2%,快递业务收入完成8795.4亿元,同比增长17.3%,其中国际快递业务出现了较大幅度的增长，全年国际/港澳台快递业务量完成18.4亿件，同比增长27.7%；实现业务收入1073.4亿元，同比增长43.6%。

要大力发展铁路国际班列。国际班列是按照固定车次、线路、班期和全程运行时刻开行，往来于中国至欧洲或中亚等以及沿线各国的集装箱国际铁路联运班列。截至2021年8月底，中欧班列已打通73条运行线路，通达欧洲23个国家的170多个城市，运输货品达5万余种，开创了亚欧铁路运输新篇章。依托中欧班列，通过中转集结方式，要形成覆盖欧亚的铁路物流服务网络，积极创造便利的国际道路运输软环境，建立便利通关的协调机制。

要与世界著名航空枢纽加强航线和运输合作，带动建设世界级的航空枢纽中心，并延伸航空物流服务产业链条，构建与电子商务、高端制造、服务等产业深度融合的物流服务体系，将互联网、云计算、大数据、区块链等技术应用在产品订造、智能配货、在线查询调度、自动配送等领域，实现货物销售和运输全流程管理。

（四）维护国际海运重要通道安全与畅通

海上合作是维护国际海上通道安全的重要途径，要加强与马六甲海峡、霍尔木兹海峡、苏伊士运河、巴拿马运河、北极航道等相关主权国家的沟通合作，构建以服务"一带一路"沿线国家为主的全球航运服务网络的关键通道。合作开发经营位于重要海运通道关键位置的港口支点，不断拓展应急保障等服务功能，提升对支点及航运网络的配套补给能力，加强与所在地国家的信息、战略、政策对接,形成相互补充、协同运作的格局,共同维护世界海运安全。在加强合作和维护安全的基础上,提高中国与发达经济体之间的海运航线密度,加密中国与新兴经济体之间的海运班轮航线,促进沿线国家相互贸易往来。

二、加大对外开放力度

对外开放不是自说自话的独角戏,而是合作基础上的共同参与、互利目标下的共同发展。中国将坚持开放联动,推进互联互通,实现互利共赢,以吸引外资进入交通领域、推动交通企业"走出去"为着力点,协同推进自由贸易试验区、中国特色自由贸易港建设,促进贸易和投资自由化便利化,合作共赢、共同发展。

(一)吸引外资进入交通领域

2020年1月1日正式施行的《中华人民共和国外商投资法》中一个非常重要的内容是"国家对外商投资实行准入前国民待遇加负面清单管理制度"。

| 知识链接 |

准入前国民待遇和负面清单

准入前国民待遇指企业在设立、取得、扩大等阶段给予外国投资者及其投资不低于本国投资者及其投资的待遇。

市场准入负面清单制度:国家在实施外商投资准入前国民待遇的同时,一般都会列出"负面清单"。负面清单是

第⑧章 → 开放共赢——建立全面开放新格局、打造国际合作朋友圈

指关于外资进入或者限定外资比例的行业清单，是国家规定在特定领域对外商投资实施的准入特别管理措施。在该清单上，国家明确列出不予外商投资准入或有限制要求的领域，清单之外领域则充分开放，国家对清单之外的外商投资给予国民待遇。

外资企业是我国交通领域发展中的重要角色。交通业界要发挥外资企业的积极性，更充分地吸取外资企业带来的先进技术和管理方法。在交通运输基础设施建设、物流等领域对外资实行准入前国民待遇加负面清单的管理模式，扩大外资准入的领域。

（二）协同推进自由贸易试验区、中国特色自由贸易港建设

自由贸易试验区从2013年首次亮相到如今数量已经达到了21个，不仅在空间维度上覆盖半壁以上的国土，并且作为改革开放的先锋，自贸试验区一直将制度创新作为核心，形成多项制度创新成果，向全国复制推广。党的十九大提出，我们要"赋予自由贸易试验区更大改革自主权，探索建设自由贸易港"，推动形成全面开放的新格局。

| 知识链接 |

自由贸易试验区

自由贸易试验区（Free Trade Zone，简称FTZ）是指在贸易和投资等方面比世贸组织有关规定更加优惠的贸易安排，在主权国家或地区的关境以外，划出特定的区域，准许外国商品豁免关税自由进出。实质上是采取自由港政

策的关税隔离区。狭义仅指提供区内加工出口所需原料等货物的进口豁免关税的地区，类似出口加工区。广义还包括自由港和转口贸易区。

（三）打造世界一流交通企业

随着"一带一路"合作的稳步推进，建成一批具有国际竞争力的大型交通跨国企业，造就若干立足国内、面向国际的交通品牌，是提升交通发展能力的关键。我国已经建设成若干具备一定核心竞争力、规模位居世界前列的交通企业。海运方面，中国远洋海运集团有限公司居2020年《财富》世界500强排行榜第264位，截至2021年8月31日，中国远洋海运集团经营船队综合运力11370万载重吨，规模达1371艘，排名世界第一。交通工程建设方面，中国承包商在多个业务领域和市场保持领先地位，其中中国交通建设集团居2020年《财富》世界500强排行榜第78位，业务范围遍及世界100多个国家和地区，40%的利润来自海外市场，国际竞争优势明显。

三、深化交通国际合作

当前，新一轮科技革命和产业变革孕育兴起，百年变局和世纪疫情叠加，我们要顺应世界发展大势，推动全球交通合作。

（一）构建国家、社会、企业多层次的合作渠道

顺应交通国际合作新趋势，服务"一带一路"倡议，深化新技术新业态领域的国际交流合作，通过上海合作组织、中非

第 ⑧ 章　→ 开放共赢——建立全面开放新格局、打造国际合作朋友圈

合作论坛等区域合作机制，不断深化和扩大与沿线国家交通运输合作。利用主办北京APEC会议、"一带一路"国际合作高峰论坛、第二届联合国全球可持续交通大会等主场外交，讲好中国交通运输发展故事，积极落实中国交通方案。

（二）拓展国际合作平台

持续打造开放型合作平台，与世界分享中国市场机遇，宣介"一带一路"倡议和共商、共建、共享理念，为交通运输开放发展提供有力支持。中国进出口商品交易会、中国国际服务贸易交易会、中国国际进口博览会等持续成功举办，其中2021年第四届中国国际进口博览会吸引127个国家近3000家展商参加，虽然全球新冠肺炎疫情阴霾未散，但中国扩大高水平对外开放、与世界分享市场机遇的决心不会变。中国还将倡议建立一批交通运输建设、运营和管理的组织，打造具有区域国际影响力的交通领域国际组织，为全球交通提供更加丰富多彩的公共产品。

（三）积极推动全球交通治理体系建设

全球交通治理需要中国方案。从实施"一带一路"、推动形成全面开放新格局的高度，积极参与全球交通治理体系改革和建设，参与国际公约和国际规则的制定，做好国际交通标准方面的技术储备，提出可持续交通、可持续发展的方案，贡献中国智慧。

加快国际规则的对接和应用，积极研究加入国际便利化运输相关公约，为我国便利运输与国际接轨提供制度保障。

参加国际交通组织和标准化组织工作，跟踪与标准相关国

际组织工作动态，了解标准制订修订情况、研究范围及方向、发展趋势等，参与有关重要标准的前期研究工作。

推动中国标准制度"走出去"，结合交通运输行业"走出去"，以市场为依托，尊重所在国意愿，适时推荐采用中国标准，以支持当地交通事业的发展。加强与"一带一路"沿线国家标准互认、区域标准共建工作。

加强国际合作，与美国、日本、欧盟等发达国家和地区开展国际标准的兼容研究，为推出适应国际需求的标准体系提供支持。

（四）提升交通国际话语权和影响力

随着中国日益发展，我国在国际上的话语权和影响力也逐渐扩大。提升交通国际话语权和影响力，不仅是加快建设交通强国的必然要求，也是提升我国综合国际影响力的应有之义。

提升交通运输国际影响力是一个全面、综合的概念，是竞争服务能力、服务保障能力、创新引领能力的整体展现，要发挥交通运输行业优势和特点，实现交通企业竞争力由规模推动向创新推动转变，建成若干具有国际竞争力的世界一流交通企业和与我国全球化产业布局相匹配的交通运输服务网络体系。实施交通企业"走出去"计划，成为国际交通标准制定、交通运输全球治理的主要参与者，发出中国声音，贡献中国方案。

打造交通国际影响力还要加大宣传，营造良好的舆论环境，宣传中国交通运输成就。开展形式多样的文化交流活动，支持相关单位为"一带一路"沿线国家培养管理人员和技术人员，促进民心相通。

第 9 章

人才为本

——建设保障有力的人才干部队伍

在长期实践中，我们培育形成了爱岗敬业、争创一流、艰苦奋斗、勇于创新、淡泊名利、甘于奉献的劳模精神，崇尚劳动、热爱劳动、辛勤劳动、诚实劳动的劳动精神，执着专注、精益求精、一丝不苟、追求卓越的工匠精神。

——习近平总书记在全国劳动模范和先进工作者表彰大会上的讲话（2020年11月24日）

第 ⑨ 章　→ 人才为本——建设保障有力的人才干部队伍

党的十八大以来，交通运输行业科技人才队伍、技能人才队伍、干部队伍这三支队伍的建设取得了积极进展，但从行业发展对人才的需求来看，人才队伍建设的道路仍然漫长，任务仍然艰巨。行业领军人才、科技创新人才、高技能人才严重不足，已成为制约我国交通运输行业发展和服务能力提升的重要瓶颈。要解决发展的问题，首先就要解决人才的问题，深入实施人才引领发展战略，加快高层次创新人才、高技能人才培养和干部队伍素质提升，努力推进人才发展体制改革和政策创新，形成具有国际竞争力的人才制度优势，为交通强国建设提供必要的智力支撑。

一、培育高水平交通科技人才

在建设社会主义现代化国家全面开启新征程之际，我国对科技人才的需求比以往任何时期都更加迫切，随着行业转型发展的不断深入，交通运输行业对科技人才更是"求贤若渴"。科技人才队伍的建设是发展的根基，要加快建立以人才为支撑的创新发展体系，提高科技人才对交通运输行业发展的贡献率。

（一）培养和引进交通科技人才

交通运输系统包括铁路、公路、水路、民航、邮政等领域，包含基础设施、运输装备和组织管理等各要素，既需要高校、科研院所、企业等各创新主体强化人才供给和智力支撑，也需要政府部门、用人单位等提升服务、优化环境。要增强系统思维，强化多方协同，在重大科技项目研发、重大工程建设、重点科研平台建设、行业科技政策制定和科技创新成果推广等各方面，加快形成以人才培养和成长为核心的工作合力。

<拓展阅读>

交通运输行业创新科技人才发展存在的问题

一是"大交通、小科技"现象仍然存在。科技创新在交通运输发展中的总体地位不高，行业科技创新融入国家创新体系不够充分，人才保障能力仍然不能满足交通运输发展需要。二是"有高原、无高峰"问题还没有解决。虽然人才规模稳步增长，但领军人才、高精尖缺人才不足，特别是战略科学家和院士等顶尖创新人才非常缺乏，与建设交通强国的要求相比还有较大差距。三是"重应用、轻基础"现象普遍存在。交通运输基础研究与原始创新薄弱，行业"短、平、快"的具体应用技术研究占比高，缺乏对技术发展规律的把握，相关基本理论和核心技术研究领域的人才不足。

第一，加快转变政府科技人才管理职能。推行人才引领发展战略，把激发人才的创新创造活力作为科技工作的重大任务，推动人才发展的政策环境逐步优化，使人才在"适应的环境"中充分汲取"阳光"和"营养"茁壮成长。完善科技人才创新激励机制。增加对科技人才创新的激励力度，不仅用理想信念激发人才的事业追求，而且要重视物质激励，使作出创新贡献的人才在没有衣食之忧的同时"名利双收"。

健全科技人才评价机制，建立完善的人才评价体系和评价考核制度。

第二，大力培养高端科技人才队伍。紧紧围绕交通强国建设重大战略需求，继续实施交通运输行业科技创新人才推进计划、青年科技英才等人才培养工程，设立创新人才专项资金，充分发挥人才在交通运输重大工程建设、重点项目攻关、科研平台建设、智库平台搭建等方面的优势和作用。围绕建设素质优良、具有国际竞争力的专业技术人才，重点提升创新创造创业能力，重点培养高精尖缺和骨干专业技术人才，打造具有国际水平的战略科技人才。以培养科技领军人才和优秀青年人才为重点，大力培育和引进高端交通科技人才。通过建立完善培育制度，实施"蹲苗工程"强化创新团队的培养。在行业重点领域打造前沿技术跟踪团队。

| 知识链接 |

科技领军人才

科技领军人才在不同的历史时期，有着不同的含义和理解。当代社会的科技领军人才，是立足当下，带领人才队伍向未来奋发的创新人才，科技领军人才应该是富有为国家富强积极奉献的崇高道德，具有博学的专业知识，丰富的科研经验，卓越的能力和智力，极具创新精神和团队意识。

第三，加快交通一线创新人才培养。一线创新人才就是最基层最前沿的人才，适应社会及交通运输行业发展一线，具有较强创新意识和实践能力，是应用型人才。在建设创新型国家的时代背景下，需要更多更快地培育一线创新人才。要大力加强综合运输、现代物流、先进交通装备与制造、交通安全、智慧交通、绿色美丽交通、交通执法等专业急需紧缺人才的培养，优化完善人才队伍的专业构成。

第四，支持各领域各学科人才进入交通行业。交通运输是多领域融合发展的行业，需要广纳天下英才，实现多领域人才的汇聚和协调合作发展。增加人才激励投入，从各行业各领域多学科发掘、吸引贤能之士进入交通行业，使"各方神圣"愿意进入交通领域并"深耕细作、植树造林"，使交通行业的"人才森林"根深叶茂、博大精深。

（二）推进高端智库建设

多年来，交通运输行业智库为我国交通运输事业发展作出了重要贡献，但也存在一些制约智库发展的问题，需要加快建立符合智库特点和运行规律的制度，推进交通运输部门决策科学化、民主化、法治化，促进智库不断发展壮大。要加强智库建设的分类指导，充分发挥智库在交通强国建设政策研究、重大决策中的作用。

第一，打造新型智库联盟。建设"交通智库论坛""交通智库讲堂""交通智库名家"等重点品牌，完善工作机制，建立研究机制、咨询机制、共享机制等体系，形成富有活力的智库联盟。在铁路、公路、水运、民航、邮政及综合交通运输等领域建设一批新型智库，造就一支智库人才队伍，形成一套智库管理体制机制。

第二，发挥交通运输部属单位智库作用。根据部属各科研单位职能、优势和特色，重点明确其在新型智库建设中的定位和发展方向。深化部属科研单位体制机制改革，在开展战略性、专业性、应用性等重大问题研究上下功夫。把优势资源进行整合，推动部属科研单位创新组织形式。

<拓展阅读>

交通运输新型智库联盟

2020年1月8日，交通运输新型智库联盟成立大会在北京召开，交通运输部和国家局有关司局代表、地方交通运输主管部门代表、联盟成员单位代表参加会议，第一批成员单位共有33家单位入选。交通运输新型智库联盟将依托"交通智库建言""交通智库之声""交通智库沙龙"等载体，建立完善运行机制，为建设交通强国提供智力支持。

（三）完善专家工作体系

树立"凡重大决策必咨询专家"的理念，实行重大决策专家咨询制度，坚持把专家咨询作为依法合理决策、科学民主决策的重要方式之一，充分发挥专家在资政建言、理论创新、技术引领、舆论引导等方面的重要作用。

建立交通运输行业专家信息库，完善院士工作站、专家工作站工作制度体系，围绕交通运输行业重大关键技术问题、重点产品研发任务，组织相关专业领域院士、专家及创新团队开展联合研判及技术攻关。

二、打造素质优良的交通劳动者大军

（一）打造知识型、技能型、创新型劳动者大军

劳动者大军是工人阶级的主体力量，是创造社会财富的中坚力量，是创新驱动的骨干力量，是实施交通强国战略的有生力量。交通劳动者大军，应大力倡导劳模精神，弘扬工匠精神，培养知识型、技能型、创新型劳动者大军。知识型、技能型、创新型劳动者是复合型劳动者，复合型劳动者与普通劳动者最本质的区别在"创新"，而"创新"的实现在于拥有知识和技能。培养复合型劳动者不仅需要制定相关人才培养、成长和使用政策，还需要鼓励从业人员自愿成为复合型劳动者。

第一，优化劳动者发展环境。提高劳动者福利待遇水平，给予关键岗位、生产一线岗位劳动者和紧缺急需的高层次、高技能人才更好的职务职级晋升机会和经济激励。开展高技能人才振兴计划，开展国家级高技能人才培训基地、国家级技能大师工作室和公共实训基地项目建设。推进从业人员信用建设，建立从业人员诚信信息收集和整理制度，完善信用信息采集机制，推进信用记录和从业人员信用档案建设。

第二，加大劳动者能力培养力度。丰富学习渠道，提升知识型劳动者水平。为劳动者提供学习和更新知识的渠道，让劳动者在学中做，做中学，学做相长。同时鼓励在职劳动者利用所学知识，研发新的技术、优化技术环节、提升工艺水平，不断丰富工作中的知识储备和技能水平。注重实践对技能型劳动者的提升作用，通过开展"导师带徒"等活动，使劳动者掌握重点问题的解决思路和方法，培养高水平的技能型劳动者。培

第 ⑨ 章　　→ 人才为本——建设保障有力的人才干部队伍

养创新型劳动者，瞄准行业重点和难点方向，引导创新型劳动者开展攻关项目，特别鼓励劳动者不断深入研究自身岗位中存在的问题及关键技术，开展制度和标准创新。

＜拓展阅读＞

"品牌工人"孔祥瑞

孔祥瑞是天津港第一代门机司机，他和各种港口门机打交道 30 多年，与港口装卸机械结下了不解之缘。2001 年天津港制订了冲击亿吨大港的目标，在巨大的压力面前，孔祥瑞大胆进行设备改造和技术创新，发明了"星形操作法"，缩短了作业时间，提高了生产效率，那一年，他和工友们 8 次刷新生产纪录，门机的使用率多年保持在 85.4% 以上，完好率保持在 97.8% 以上，两项重要指标至今在全国港口名列前茅。

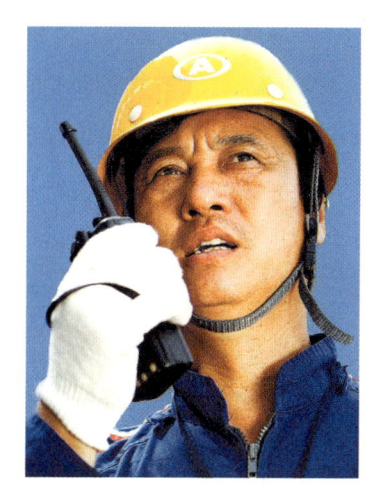

* "品牌工人"孔祥瑞（《中国交通报》）

(二）大力培养支撑中国创造中国制造的交通技术技能人才队伍

第一，健全交通运输职业标准体系。加强智能交通、共享交通等新技术新业态对从业人员职业素质要求的前瞻性研究，增强把握交通运输职业发展趋势的能力。加强交通运输技能人员职业标准制修订工作，健全在职业上全面覆盖、在内容上动态更新的职业标准体系，为交通运输人才队伍建设校准坐标，开展专项职业能力考核规范审核备案工作。

第二，完善技能人才评价体系。建立健全职业技能等级制度。实行职业技能等级认定，并做好与职业资格制度的衔接。进一步突破年龄、资历、身份和比例限制，积极探索和完善符合高技能人才成长规律的多元评价机制。建立高技能人才评价体系，健全高技能人才评价模式，突出技能人才在执行操作规程、解决生产问题和完成任务成效等方面的能力评价。

第三，加强职业技能竞赛工作。积极开展各类职业技能竞赛活动。完善职业技能竞赛的组织程序、参赛条件、竞赛职业（工种）的选择、竞赛内容、竞赛后的激励方式等，引导和带动广大企业职工和院校学生积极参加技能竞赛活动。加强职业技能竞赛品牌的宣传，彰显交通运输行业职业技能竞赛的内生价值、品牌效应和社会影响，推动更多交通运输行业的"工人明星""劳动榜样"和"能工巧匠"脱颖而出。

第四，大力开展企业职工技能提升培训。制订职工培训计划，鼓励企业开展适应岗位需求和发展需要的技能培训，多组织一些培训学习，多开展岗位练兵、技能竞赛等活动，应用信息技术探索"互联网＋"远程职业培训新模式。鼓励交通运输

第 ⑨ 章　　　→ 人才为本——建设保障有力的人才干部队伍

企业与职业院校共建实训中心、教学工厂、实践基地等，积极建设培育一批产教融合型企业。加大政府支持力度，提供职业培训补贴和职业技能鉴定补贴。

＜拓展阅读＞
第十二届全国交通运输行业职业技能大赛

为促进交通运输行业技能人才培养，加强高技能人才队伍建设，交通运输部、人力资源社会保障部、全国总工会、共青团中央共同举办2020年全国行业职业技能竞赛——第十二届全国交通运输行业职业技能大赛。全国共有399家基层交通运输企业，5211名从业人员参加预赛，88个代表队的214名优胜选手参加了总决赛。职业技能大赛是弘扬劳模精神、工匠精神的重要载体，对打造素质优良的劳动者大军、为行业发展提供技能人才支撑有着重要作用。

（三）构建适应交通发展需要的现代职业教育体系

第一，健全行业教学标准体系。开展职业标准的制修订工作，持续更新专业标准体系，注重交通运输相关专业与产业需求衔接，教学内容与行业标准对标，教学过程与生产过程衔接，不断推进专业目录、教学标准、课程设置、岗位实习标准、实训基地建设及实施标准的制定与完善。

第二，深化校企合作、产教融合。促进职业院校与企业在人才培养、科技创新、就业创业等方面开展合作。加大政策引导力度，积极推动各级政府部门、交通运输企业和职业院校就行业资源共建共享，建设集实践教学、培训和社会服务等于一体的综合性职业教育实训基地,探索创新实训基地管理和运营模式。

|知识链接|

校企合作

校企合作是指学校与企业建立的一种合作模式。当前社会竞争激烈,包括教育行业,大中专院校等职业教育院校为谋求自身发展,抓好教育质量,采取与企业合作的联合培养方式,有针对性地培养企业所需人才,注重人才的实用性与实效性。校企合作是一种注重培养质量,注重在校学习与企业实践,注重学校与企业资源、信息共享的"双赢"模式。

第三,加强专业建设和教材建设。建设高质量课程教材资源,开展多元化教学资源建设,加强教学资源库的更新和使用工作,对交通运输所有专业建立定期评估机制。

第四,大力培养高技能人才师资队伍。完善教师定期培训制度,建立健全职业院校自主聘任兼职教师的机制,制订职业院校教师素质提高计划,组建高水平、结构化的教师教学创新团队。

三、建设高素质专业化交通干部队伍

(一)打造忠诚干净担当的高素质干部队伍

建设高素质专业化队伍,首先要严把德才标准:忠诚于党和人民,理想信念坚定,能够自觉增强"四个意识"、坚定"四个自信",做到"两个维护",全面贯彻执行党的理论和路线方针政策。在选人用人上出以公心,坚持原则、实事求是,公平公正对待和使用干部。江山代有才人出,不拘一格降人才,要注重从各个方面选拔优秀的专业人才,优化干部队伍知识结构。把优秀人才聚集到党的交通事业中来,把干部队伍的人才作用充分发挥出来。加强干部的实践锻炼和教育培训,不断增强干部队伍的专业化水平。

(二)增强干部队伍适应综合交通运输发展要求的能力

现代综合交通运输体系是按照综合交通运输理论和现代经济对交通运输的要求,通过管理创新、技术创新、服务创新促进各种运输方式的深度融合和集成发展。干部队伍要有适应现代综合交通运输发展形势要求的能力素质,强化专业素质培养,培育专业精神。组织开展专业化培训,丰富专业知识、提升专业能力,完善干部履行岗位职责必备的知识体系。提高干部队伍的综合性、创新性理论和技术水平,同时要增强统筹协调能力,更好地适应现代综合交通运输发展的形势任务。

(三)加强优秀年轻干部队伍建设

立足交通强国建设需求和交通运输发展阶段性特征,着眼近期人才需求和交通强国战略需要,加强年轻干部队伍的建设与培养。建立健全培养机制,积极落实各项培养措施,促进年轻干部茁壮成长、堪当重任。多渠道选拔使用优秀的年轻干部,坚持新时代好干部标准,选拔使用对党忠诚、担当有为、作风优良的优秀年轻干部。

（四）加强国际交通组织人才培养

国际化人才，要通过国际环境来培养。通过国际合作的形式，积极培养国际化复合型创新人才和创新团队，鼓励和支持科技创新人才在国际组织中任职。创新培养模式，建立良好的激励机制，加强国际组织人才的教育培训，加快培养紧缺的国际交通组织人才。积极为国际组织输送优秀人才，加强交通运输国际人才队伍建设，不断增加我国交通运输方面的国际职员，有效参与全球治理。

＜拓展阅读＞

上海交通大学多措并举推进国际组织人才培养推送工作

近年来，上海交通大学立足国家战略需求，积极引导学生参与全球治理。建立教学、学工、国际合作等有关部门联动的工作机制，支持学生赴国际组织实习和工作。开设国际组织人才训练营，统筹开展理论与实践相结合的各类培训和指导。开设"国际组织第二专业课程"与"专业硕士国际项目"，系统规划海外游学、实习、深造与国际组织实习任职相结合的培养方案，提升学生国际组织实习任职能力。建立国际组织实习任职学生档案库、国际组织实习任职意向学生资源库等，安排专职教师负责指导，探索学生从入职到成长到晋升的成长路径，助力学生生涯发展。

第 10 章

治理保障

——推进交通运输治理体系和治理能力现代化

新时代谋划全面深化改革，必须以坚持和完善中国特色社会主义制度、推进国家治理体系和治理能力现代化为主轴，深刻把握我国发展要求和时代潮流，把制度建设和治理能力建设摆到更加突出的位置，继续深化各领域各方面体制机制改革，推动各方面制度更加成熟更加定型，推进国家治理体系和治理能力现代化。

——习近平总书记在中共十九届四中全会上所作的说明（2019年10月28日）

第 ⑩ 章　→ 治理保障——推进交通运输治理体系和治理能力现代化

党的十九大报告指出，要推进国家治理体系和治理能力现代化。交通强国的一个重要建设目标就是要实现交通运输领域治理体系和治理能力现代化。

一、深化行业改革

党的十八大以来，交通运输加快推进行业改革，取得明显成效，但面对新形势、新任务，还必须进一步深化行业改革。

（一）完善综合交通法规体系

建立和完善综合交通法规体系，是实现交通运输治理体系和治理能力现代化的重要举措。交通运输法律法规体系框架应当与综合交通系统相适应，综合交通法规体系一共由六个系统构成，分别是：跨运输方式法规系统、铁路法规系统、公路法规系统、水路法规系统、民航法规系统和邮政法规系统。目前我国交通运输领域现行有效法律包括《中华人民共和国海上交通安全法》《中华人民共和国铁路法》《中华人民共和国公路法》等8部，行政法规包括《铁路安全管理条例》《中华人民共和国收费公路管理条例》《中华人民共和国水路运输管理条例》等43部，近300件部门规章，综合交通法律法规体系已经初步建立。

1.加快完善综合交通法规体系

从2021年到本世纪中叶，分两个阶段推进综合交通法规体系建设。到2035年，基本形成系统完备、架构科学、布局合理、分工明确、相互衔接的综合交通法规体系。跨运输方式、铁路、公路、水路、民航、邮政等各领域"龙头法"和重点配套行政法规制修订工作基本完成,覆盖交通运输各领域的法规体系主骨架基本建立;不同运输方式的法律制度有效衔接,支撑各种运输方式一体化融合发展,保障现代化综合交通体系建设;交通运输各方面法律制度更加成熟、更加定型,支撑交通运输治理体系和治理能力现代化基本实现。到本世纪中叶,全面建成与交通强国相适应的综合交通法规体系,交通运输各项法律制度更加巩固、更加完备,制度优势有效转化为治理效能,支撑交通运输治理体系和治理能力现代化全面实现,并达到国际先进水平。

2.研究编制《中华人民共和国交通运输法》

《中华人民共和国交通运输法》是交通运输领域的综合大法,这部法将从宏观层面对交通运输领域涉及的法律问题进行梳理和规范,其立法目的在于以立法形式巩固大交通改革成果,指引大交通今后的发展方向。

3.加强中央与地方立法衔接

对国家层面尚不具备统一立法条件的领域,鼓励地方在立法权限范围内先期探索,积累经验,完善衔接有序的地方交通运输法规体系。鼓励和指导地方适应交通运输一体化发展的需要,开展跨行政区域的交通运输立法探索。

(二)建立健全适应综合交通一体化发展的体制机制

随着我国交通运输业的长足发展,原来各自为战、互不协调的做法已经成为制约交通运输业快速发展的瓶颈,建立健全适应综合交通一体化发展的体制机制,已经成为综合交通运输一体化的重要任务。

1. 深化铁路管理体制改革

铁路作为国家重要基础设施、国民经济大动脉和大众化交通工具，在支撑我国现代化强国建设中发挥着主力军作用。铁路管理体制的改革分两个阶段。到2030年，基本建立适应"一体化"交通运输的行业管理体系。实现各类交通运输方式统一规划、统一管理；铁路企业建立现代企业制度，经营市场化，经营板块多元化，盈利水平大幅提升；建立多元化的铁路融资体制，有效解决铁路债务及建设资金问题，铁路主要企业资产负债率控制在合理的水平，实现财务可持续。到2045年，进一步完善综合交通运输管理体系。铁路行业政府、企业职责清晰，与其他运输方式协同发展；主要铁路企业现代化治理水平大幅提升，盈利水平达到世界前列，经营可持续性良好；铁路投融资体制机制健全，安全管理、科技创新、人才培养等管理体制机制协调配合、运作良好。

2. 深化公路管理体制改革

推进公路建设管理体制改革。完善公路建设工程质量与安全监督机制，建立健全工程质量终身负责制。积极试行公路建设项目自管、代建、设计施工总承包等模式，探索项目专业化管理新模式。落实项目法人责任制，改革工程监理制，完善招标投标制，改革资格审查和评标办法，加强信用评价在招标投标中的应用，强化合同管理制，完善合同管理体系，建立健全合同履约考核评价制度。

推进公路养护管理体制改革。科学划分国道、省道、农村公路的养护管理职责，建立健全政府与市场合理分工的公路养护组织模式。深化全寿命周期养护成本理念，全面开展预防性养护。积极探索公路养护市场化机制。建立完善以公共财政为主的非收费公路养护保障机制，加强养护资金使用监管。

完善公路运行管理机制。健全多部门公路源头治超、联合治超、科技治超工作机制，推进跨区域大件运输一站式审批和一证通行。对公路灾害预报预警体系和公路应急管理体系进行完善，建立健全公路设施损毁、破坏责任倒查和追究制度。

完善收费公路政策。加快推进《收费公路管理条例》修订，改革收费公路管理模式，改革收费公路通行费率形成机制，完善收费公路信息公开制度。

3.深化航道管理体制改革

完善国家与地方航道管理机构的职责体系，逐步建立以中央和省两级为主，相对集中的管理模式。加快推进长江航道和界河航道管理体制改革，加强中央统一管理。建立健全跨区域内河航道管理机构，完善部属航道管理机构与地方航道管理机构的联动机制。

积极推进港口管理体制改革，理顺港口管理体制，推动港口资源整合，促进区域港口集约化、一体化发展。完善现代港口服务体系，推动港口与临港物流园区、保税区等融合发展。完善港口岸线管理制度，提高岸线资源使用效率。支持国有港口企业创新建设、经营方式，发展混合所有制经济。完善引航体制机制，建立健全引航服务标准和规范，加强引航服务与安全监督管理。

深化海事管理体制改革。理顺海事、港航等部门水上监督职责，加强海事管理模式、监管方式创新，提升海事监管、航海保障和应急处置等能力。推进海事基层执法机构改革，加强现场执法。加快推进内河巡航救助一体化。完善船舶污染等突发事件应急处置机制。完善海事履约机制和海事磋商机制。完善与海警部门的协作机制,加强海上行政执法。

深化搜救打捞体制改革。建立健全与现阶段经济社会发展相适应的现代化专业救助打捞体系,提升救助打捞能力。完善应急值班待命制度,科学配置救助打捞力量,探索建立海事巡航和专业救助联动合作机制。加强与有关方面的应急联动,完善海上搜救和重大海上溢油应急处置的机制,健全社会力量共同参与救助打捞的机制。推进交通运输专业打捞单位市场化改革。

4.深化空域管理体制改革

空域是航空事业的基础,是国家重要的战略资源。科学开发利用空域资源,是世界各国共同面对的课题。空域资源供需矛盾的突出,使得空域管理的体制性矛盾和机制性障碍进一步显现,要求继续对现行的空域管理体制进行改革。深化空域管理体制改革,科学统筹公共运输航空、军事航空和通用航空发展的需求,按照国家统一管理的目标导向,努力实现军民航空管联合运行,优化全国空域规划结构,改革空域管理的使用模式,健全空域动态管理机制,建立空域评估督察机制,建立空域使用管理信息的发布机制。

(三)推动国家铁路企业、邮电企业改革,支持民营企业健康发展

加快国资国企改革是当前国家的一项重要任务,按照国家统一要求,做强做优做大交通运输国有资本是改革的首要目标。

1.国家铁路企业股份制改造

加快推动国家铁路企业股份制改造是党中央、国务院为深

化国有企业改革作出的一项重要决策，为中国铁路改革发展指明了方向。

2013年3月，根据《国务院机构改革和职能转变方案》，铁道部被撤销，铁道部拟订铁路发展规划和政策的行政职责划入交通运输部，组建中国铁路总公司。2017年以来，中国铁路总公司先后实施了铁路局公司制改革、铁路总公司机关内设机构改革、所属非运输企业公司制改革、铁路局集团公司内设机构改革。2019年6月，中国铁路总公司改制成立中国国家铁路集团有限公司。改制后成立的中国国家铁路集团有限公司由中央管理，是依据《中华人民共和国公司法》设立的国有独资公司。原中国铁路总公司的债权、债务、品牌、资质证照、知识产权等均由改制后的中国国家铁路集团有限公司承继。

加快推动国家铁路企业股份制改造，继续推动优质资产股改上市和上市企业再融资。研究探索区域铁路公司等重点企业股改上市工作。推进资产并购重组，盘活存量资产，稳步推进混合所有制改革。

2.邮电企业混合所有制改革

推进邮政体制改革，是党中央、国务院推动邮政事业发展的一项重大部署，也是深化经济体制改革的一项重要任务。邮政体制改革自1998年起就被提上了日程。2005年7月，国务院批准组建中国邮政集团公司，成立邮政管理局。2007年，国家邮政局和中国邮政集团公司重组后正式揭牌。中国邮政集团公司挂牌成立，中国邮政储蓄银行成立。2008年，我国启动大部制改革，国家邮政局改由交通运输部管理。2015年，邮政管理体制进行调整，由母子公司两级法人体制改为总分公司一级法人体制。

"总分公司制"改革为混合所有制改革铺垫了道路。

2019年12月28日,中国邮政集团有限公司在京正式揭牌成立,由中国邮政集团公司改制更名为中国邮政集团有限公司。2010年,中国邮政速递物流股份有限公司成立;邮储银行2016年在香港联交所主板成功上市,2019年在上海证券交易所主板挂牌交易,全面完成了改革路线图。随着《国家邮政局关于加快推进邮政业供给侧结构性改革的意见》出台,邮政企业加快自身改革,健全现代企业制度,发展混合所有制经济。

(四)统筹制定交通发展战略、规划和政策,加快建设现代化综合交通体系

建成现代化综合交通体系是交通强国建设的根本要求,是推动国家重大战略实施的客观要求。坚持战略为先、规划引领、政策导向,是交通运输发展进步的前提。建设现代化综合交通体系,推进多种运输方式融合高效发展,必须切实加大统筹力度,统一制定交通发展战略,统一编制综合交通规划,统一实施交通发展政策。统筹制定综合交通发展战略、规划和政策,统筹协调各种运输方式的定位和分工,将各种运输方式的规划发展深度融合,实现交通运输发展的利益最优化。

加强资金、土地、科技等资源要素在各种运输方式和区域间、城乡间的统筹配置,优化基础设施、交通装备、运输服务等要素体系;健全安全生产、标准规范、科技创新、节能环保等高质量发展体系,筑牢人才、文化、应急保障体系。

推动多种运输方式之间的有机衔接和协作,加快建立健全

综合交通运输发展战略规划计划体系,确保"多种运输方式一张图"。

(五)强化规划协同,实现"多规合一""多规融合"

推动交通运输规划融入国民经济与社会发展规划、城市发展总体规划、土地利用总体规划、环境保护规划等。在统一的空间信息平台上,将经济、社会、土地、环境、水资源、城乡建设、综合交通社会事业等各类规划进行恰当衔接,确保"多规"确定的任务目标、保护性空间、开发方案、项目设置、城乡布局等重要空间参数标准的统一性,以实现优化空间布局、有效配置各类资源,以及政府空间管控和治理能力的不断完善提高。

二、优化营商环境

优化营商环境,充分发挥市场机制的作用是实现交通行业治理体系与治理能力现代化的重要保障。营造公平竞争市场环境,必须健全市场治理规则,建立公平开放、统一透明的交通运输市场,完善交通运输价格形成机制,完善市场准入制度,构建以信用为基础的新型监管机制。

| 知识链接 |

营商环境

营商环境是指市场主体在准入、生产经营、退出等过程中涉及的政务环境、市场环境、法治环境、人文环境等有关外部因素和条件的总和。企业营商环境指标是世界银行为衡量各国小企业运营的客观环境而设计的。企业营商环境指标排名代表该国企业营商的难易程度。据世界银行《2020年营商环境报告》，中国的全球营商便利度排名继2018年大幅提升32位后，2019年又跃升15位，升至全球第31位。

(一) 构建现代交通市场体系

交通运输业是我国最早开放的行业之一，交通运输取得的成就离不开市场作用的有效发挥。综合交通运输进入新的发展阶段，交通运输业更应坚持市场化导向，破除区域壁垒和行业垄断，加快建立统一开放、公平竞争的现代市场体系。

1.健全市场治理规则

建立公平开放、统一透明的交通运输市场，完善市场准入制度，探索分类建立负面清单。探索交通运输领域对外商投资实行准入前国民待遇加负面清单的管理模式。

2.深入推进简政放权

减少政府对市场活动的直接干预，从以微观管理、直接管理为主转向宏观管理、监督管理为主。凡是市场机制可以有效调节的事项以及社会组织可以替代的事项，凡是公民法人在法律范围内能够自主决定的事项，原则上都不应设立行政许可，最大程度取消和下放审批事项。加强规划引导，推动交通项目多评合一、统一评审，简化审批流程，缩短审批时间。

进一步推动交通运输行业权责清单制度的健全完善和落地实施。交通运输管理部门要退出那些没有必要涉足的领域，交由市场进行更有效率的调节。建立公共资源目录清单，完善市场交易机制，提高配置效率和效益。进一步落实交通运输企业生产经营和投资自主权，在法律法规框架内由企业根据市场需求自主生产、自主决定提供的商品和服务。实施公平竞争审查制度，清除不合理补贴政策，严厉查处滥收费用、强迫交易等行为。

3.破除区域壁垒，防止市场垄断

全面清理交通领域妨碍统一市场和公平竞争的规定和做法，反对地方保护，反对垄断和不正当竞争。推进网约车新政落地，形成了网络预约出租汽车新业态的培育增长与传统巡游出租汽车转型升级并进的发展态势。加快开放民航、铁路等行业的竞争性业务，健全准入与退出机制，促进运输资源跨方式、跨区域优化配置。加强交通执法力度，对市场违法行为实行从严治理，维护市场秩序。

4.完善交通运输价格形成机制

价格是市场运行的指针，要着力深化交通运输价格市场化改革。完善各种运输方式价格形成机制，根据服务质量实行不同定价。适时放开交通运输竞争性领域价格。逐步放开铁路、公路、水路、民航、邮政等竞争性环节价格。及时放开新形成竞争的运输产品价格。

在保障基本公共服务基础上，对运输企业新开发、不属于基本公共服务的运输产品价格实行市场调节。对实行政府定价管理的公益性服务、网络型自然垄断环节的交通运输价格，强化成本监管，完善健全定价机制，规范定价程序，最大限度减少政府部门的自由裁量权，提高政府定价的科学化、规范化水平。

（二）全面实施市场准入负面清单制度

全面实施市场准入负面清单制度是党中央作出的重大决策部署。交通运输部门应当根据《市场准入负面清单（2021年版）》严格规范市场准入管理，对清单所列禁止准入事项，严格禁止市场主体进入，不得办理有关手续；对清单所列许可准入事项，梳理相关事项的管理权限、审批流程、办理条件等，需要市场主体提出申请的，交通运输行业管理部门应当依法依规作出是否予以准入的决定，需要具备资质条件或履行规定程序的，交通运输行业管理部门应当指导监督市场主体依照政府规定的准入条件和准入方式合规进入；清单以外的行业、领域、业务等，不得设置市场准入审批事项，各类市场主体皆可依法平等进入。

（三）构建以信用为基础的新型监管机制

信用监管方式起始于原工商行政管理部门对企业分类监管的实践。2019年"信用监管"首次被写入《政府工作报告》。信用监管是加强事中事后监管的重要举措，其着眼点在于治本，对市场上的失信和违规施行治本性质的监管。建立以信用为基础的新型监管机制，对加快构建现代综合交通运输体系、建设交通强国具有重要作用。

为贯彻落实党中央、国务院关于社会信用体系建设的决策部署，进一步完善交通运输领域守信联合激励和失信联合惩戒工作，交通运输部先后印发《交通运输守信联合激励和失信联合惩戒对象名单管理办法（试行）》《2019年交通运输信用体系建设工作要点》《2020年交通运输信用体系建设工作要点》《2021年交通运输信用体系建设工作要点》，其中《2021年交通运输信用体系建设工作要点》提出，要以"信用交通省"建设为载体，聚焦信用和业务深度融合，加强和规范信用信息采集和归集、共享公开、行为认定和信用承诺、信用评价、激励惩戒、信用修复，推动提升行业治理水平，为加快建设交通强国提供坚实支撑。明确要以"信用交通省"创建为载体，聚焦信用信息归集和应用，加强信用法规制度和标准规范建设，推进信用数据共享公开，推动信用评价、联合奖惩和信用修复，开展诚信教育和诚信文化建设，加快建立以信用为核心的新型监管机制，进一步提升行业治理能力和治理水平。

＜拓展阅读＞

天津"信用＋出租车"治理

天津出租汽车管理曾经是老大难问题，天津交委精准施策，制定巡游出租车驾驶员信用积分管理考核办法，在全国首推老百姓看得见的信用，在驾驶员信用最好的出租车顶灯上亮五颗星，依次递减，信用最差的只有一颗星，把信用用最简单明了的方式告知社会，运用市场手段实现良币驱逐劣币。同时，开展分级分类监管，对高星级驾驶员给予燃油奖励、优先抢单、减少检查频次等激励措施，对低星级的采取增加检查频次、限制进入枢纽场站、再培训教育等惩戒措施。

三、扩大社会参与

随着社会经济的发展，社会治理模式悄然发生了变化，一元化的政府管理体制已经逐渐转变为政府与各类社会主体多元化协同治理体制，社会力量在社会治理中发挥着越来越重要的作用。

（一）健全公共决策机制

近年来，我国逐步形成了一套科学民主决策制度体系，健全依法决策机制，把公众参与、专家论证、风险评估、合法性审查、集体讨论决定确定为重大行政决策法定程序。

依法决策、民主决策是保证交通运输行业科学决策的重要前提。作出重大行政决策应当严格遵守法定权限，依法履行法定程序，保证决策内容符合法律、法规和规章等规定。坚持重大决策合法性审查，重要行政决策包括规范性文件必须经过相关法制机构或组织法律顾问进行审查，对于超出法定权限或与法律法规相抵触的事项，不得作出决策。作出重大行政决策还应当充分听取各方面意见，保障人民群众通过多种途径和形式参与决策。

（二）拓宽交通治理渠道

拓宽交通治理渠道，要以相关政府及行业部门为主体，但同时离不开交通行业组织的参与。鼓励交通行业组织积极参与行业治理，提高交通政府部门科学决策能力，解决行业发展等深层次的重点难点问题，优化综合交通职责体系和组织结构，推动交通运输高质量发展。

引导相关社会组织参与交通治理。以社会团体、基金会和社会服务机构为主体的社会组织，是我国社会主义现代化建设的重要力量。社会组织要对内部治理进行完善，规范自律地开展活动，不断提升服务社会能力。

拓宽公众参与交通治理渠道。鼓励公众参与交通治理，通过政府网站对部门规章、重要政策和标准面向社会开展意见征集，并及时公布有关意见征集结果。对社会普遍关注的热点进行网上调查，让公众更大程度参与到政策制定中来。

（三）推动政府信息公开，建立健全公共监督机制

各级交通运输行政机关优化主动公开制度，制定出台重点领域信息公开制度，明确重大建设项目、公共资源配置、社会公益事业建设等公开重点。全面推行主动公开基本目录制度，对于涉及群众切身利益、需要社会广泛知晓的行业政策，实行政策预公开，开展网上征集调查，并及时公布意见征集及采纳情况。

拓宽信息公开途径。对涉及群众切身利益或影响市场预期的重要政策等，通过政府网站、政务微信及《中国交通报》等多个传播载体，采用书面解读、新闻发布、政策吹风、专题专栏、发表文章等多种形式开展权威、准确、及时、有效解读。

四、培育交通文明

交通文明代表了交通发展的现代化、文明化程度和社会形象，培育交通文明是交通强国建设的重要组成部分。

（一）传承和创新交通文化
1.重要交通遗迹遗存的发掘保护
交通遗迹遗存是交通文化的重要载体，可以反映出不同时

期的交通文明程度和交通发展情况。要提高对交通遗迹遗存的保护意识，建立对交通遗迹遗存保护利用的工作制度。加强对具有历史文化、精神价值等意义的交通遗产资源的开发和研究，深度挖掘建设交通文化展示平台，利用好交通博物馆、展览馆等重要场所，策划好交通遗迹遗存的宣传工作，将历史与现实、内涵与启示进行广泛传播。

2.现代交通重大工程的品牌塑造

现代交通重大工程集先进的交通装备、引领性的交通科技、完善可靠的安全保障、节约集约绿色发展及便捷舒适经济高效于一体，是新时代交通运输发展的具体体现。需要深入挖掘提炼港珠澳大桥、北京大兴国际机场等一批超级工程等蕴含的思想理念和人文精神，塑造具有中国特色的交通重大工程品牌。总结已经迈入世界先进或领先行列的高速铁路、特大桥隧、离岸深水港、巨型河口航道整治以及大型机场工程等建造技术的经验，形成具有可推广、可复制的国际经验，塑造中国交通形象。善于创新交通设施、交通枢纽等的建筑设计，在设计中植入文化内涵，与生态紧密结合，使交通基础设施不仅满足人们最基本的生活需要，同时也与自然融为一体。积极推进独具特色、个性鲜明的铁路、公路、水运、民航、邮政、城市交通等领域特色工程的文化建设，加强宣传推广，形成具有行业特色的文化品牌。

3.交通故事的整理和宣传

结合交通运输发展史、发展成就、先进典型事迹等，讲好具有中国特色的交通故事，创作题材丰富、群众基础广泛的交通运输题材文艺作品。通过新兴媒介在内的各类宣传平台，创作和宣传彰显行业精神风貌，弘扬新时代交通精神的影视剧、歌曲、小说等，宣传中国特色交通文化。

（二）发掘和宣扬交通精神

1.提炼和弘扬交通精神

交通精神是交通运输行业的核心价值理念，也是交通运输行业的"灵魂"和"精神内核"。在接续奋斗中，交通人形成了"一不怕苦、二不怕死，顽强拼搏、甘当路石，军民一家、民族团结"的"两路"精神、"挑战极限，勇创一流"的青藏铁路精神等一大批经受住长期考验的行业精神；迈入新时代，行业涌现出了"逢山开路、遇水架桥"的港珠澳大桥建设者奋斗精神、"把非凡英雄精神体现在平凡工作岗位上"的民航英雄精神、"把生的希望送给别人，把死的危险留给自己"的救捞精神等。交通人需要提炼交通精神的核心理念，形成新时代交通精神，并大力进行宣传，不断培养具有交通精神的干部人才队伍。

| 知识链接 |

"两路"精神

西藏和平解放后，中国人民解放军、四川和青海等省各族人民群众以及工程技术人员组成了11万人的筑路大军，于1954年建成了总长4360公里的川藏、青藏公路，结束了西藏没有现代公路的历史，在"人类生命禁区"的"世界屋脊"创造了公路建设史上的奇迹，铸就了一不怕苦、二不怕死，顽强拼搏、甘当路石，军民一家、民族团结的"两路"精神。

2. 积极培树交通运输行业先进典型

改革开放以来，交通运输行业涌现了一大批先进典型，许振超、包起帆、王淑芳等同志成为行业楷模。新时期应继续培树具有典型代表的人物，形成交通精神代表人物集，在全社会进行广泛宣传。

＜拓展阅读＞

感动中国年度人物——刘传健

刘传健，中共党员，重庆市九龙坡区陶家镇人，毕业于空军第二飞行学院，现为四川省四川航空股份有限公司飞行部重庆分公司飞行分部责任机长，B类教员、公司检查员。电影《中国机长》机长原型。

2018年5月14日，他驾驶川航3U8633航班执行重庆飞拉萨任务时，在遭遇前挡风玻璃破裂脱落的紧急关头，凭着过硬的飞行技术和良好的心理素质，其沉着冷静率领机组人员奇迹般安全地迫降成都，被业界誉为完成了"不可能完成的任务"，被授予"中国民航英雄机长"称号。2018年11月10日，获颁"最美退役军人"证书。2019年2月18日，获得"感动中国2018年度人物"荣誉。9月25日，被授予"最美奋斗者"称号。

（三）营造文明交通环境

1. 制定交通文明规范

加强对交通从业人员的管理规范制定，积极推进文明规范执法，树立公开公平公正和文明规范执法的行业形象。加强文明执法示范窗口单位和交通行政服务窗口建设，组织开展文明施工、安全生产、文明样板路建设、文明样板航道建设等活动。

2.引导文明出行和文明服务

深化交通文明宣传活动，完善宣传机制，创新宣传手段方法，全面提升交通参与者守法意识和安全、礼让、互助、文明的交通理念。提升文明服务意识，规范服务行为，积极开展标准化服务、精细化服务、个性化服务、品牌化服务。

3.夯实交通文明素养

交通素养的提升会促进交通文明的持续和进步。交通素养的培养需要从小抓起，需要全社会共同努力。组织督促中小学校、学前教育机构针对不同年龄段的学生、儿童开展形式多样的交通文明教育，组织模拟体验活动，促进青少年文明出行习惯养成。加强对大众文明交通教育，提升公众文明交通意识。

后 记

建设交通强国是党的十九大作出的重大战略决策。《交通强国建设纲要》是推动交通强国建设的纲领性文件。贯彻落实好《交通强国建设纲要》是当前及今后一段时期交通运输行业的核心任务。我们在编写过程中，搜集、查阅了大量文献资料，力求事例准确、脉络清晰、语言通俗，以期全面、科学、客观地向全社会宣传、介绍交通运输工作，推动社会各方面更加关心和支持我国交通运输事业发展。

全书由交通运输部管理干部学院党委书记易振国担任主编，交通运输部管理干部学院副院长刘韬担任副主编，编写人员有：第一章 孙忠华；第二章 梁泉、刘波；第三章 唐培培、胡鑫宇；第四章 常连玉、丁宇、穆尚仑、邓一凡、黄少波、张乐乐；第五章 张焱、周禹彤；第六章 王战权、李丽丽、陈晖；第七章 狐爱民、周绯菲、何文；第八章 李雪松、李莲莲；第九章 单丽辉、李凤；第十章 霍艳丽、刘岩艳、闫光杰。

编写过程中还邀请有关科研单位专家参与,多次组织召开编写工作研讨会、专家评审会。对所有参与编写人员表示衷心感谢。

由于水平有限,本书还存在一些不足,欢迎读者批评指正。

本书编写组

2022年8月

图书在版编目（CIP）数据

建设交通强国 / 易振国主编；刘韬副主编. —北京：中国青年出版社，2022.5
ISBN 978-7-5153-6633-3

Ⅰ.①建⋯ Ⅱ.①易⋯ ②刘⋯ Ⅲ.①交通运输业–经济发展战略–研究–中国 Ⅳ.①F512.3

中国版本图书馆CIP数据核字（2022）第075842号

"问道·强国之路"丛书

《建设交通强国》

主　　编　易振国
副 主 编　刘韬

责任编辑　彭慧芝
出版发行　中国青年出版社
社　　址　北京市东城区东四十二条21号（邮政编码 100708）
网　　址　www.cyp.com.cn
编辑中心　010-57350578
营销中心　010-57350370
经　　销　新华书店
印　　刷　北京中科印刷有限公司
规　　格　710×1000mm　1/16
印　　张　15.5
字　　数　150千字
版　　次　2022年9月北京第1版
印　　次　2022年9月北京第1次印刷
定　　价　42.00元

本图书如有印装质量问题，请凭购书发票与质检部联系调换。电话：010-57350337